FOKUS & KONZENTRATION

Mehr Produktivität, Erfolg, Glück & Zeit!

Wie Sie mit Hilfe von effektiven Methoden Ihre Aufmerksamkeit trainieren, konzentriert arbeiten und so jedes Ihrer Ziele erreichen

INHALT

Wie unterscheidet sich dieses Buch von anderen Ratgebern zum Thema?

Da Sie diese Zeilen lesen, gehe ich davon aus, dass Sie unter Konzentrationsmangel leiden – und zwar in einem Ausmaß, das Ihr Leben so stark stört, dass Sie sich gezwungen sehen, nach Auswegen zu suchen. Oder Sie wollen einfach nur ein erfolgreicheres Leben führen, doch bedeutet Erfolg nicht nur, im Beruf erfolgreich zu sein. Genau genommen können Sie dies nur dann wirklich, wenn es Ihnen gelingt, ganz allgemein ein erfolgreiches Leben zu führen. Damit ist ein Leben gemeint, in dem Sie zufrieden sind, sich erfüllt fühlen und es Ihnen rundum gut geht.

Wenn Sie nach einer Lektüre suchen, die ausschließlich Übungen zur Verbesserung der Konzentration enthält, sollten Sie sich anderweitig umsehen, denn der folgende Ratgeber geht das Thema auf eher unkonventionelle Weise an, und sollten Sie bereits mehr zu dem Thema gelesen haben, ist Ihnen mein Ansatz vielleicht neu. Er basiert jedoch auf eigener erlebter und gelernter Erfahrung. Mein Leben lang litt ich selbst an Konzentrationsmangel in erheblichem Ausmaß, was meinen Lebenslauf stark beeinflusst und mit fortschreitender Zeit dazu geführt hat, dass ich arbeitsunfähig wurde. Ich war gezwungen, nach eigenen Auswegen zu suchen, da weder Ärzte noch Psychologen sich in der Lage sahen, mir effektiv helfen zu können.

Was Sie in diesem Buch lesen, ist also nicht nur mein gesammeltes Wissen über die Ursachen, entstanden durch jahrelange und intensive eigene Nachforschungen, sondern auch selbst erarbeitete und erfolgreich angewendete Lösungswege. Ich bitte Sie nur um eines: Seien Sie offen gegenüber den für Sie möglicherweise neuen Ansichten und den Methoden, die Sie in dieser Lektüre finden. Probieren Sie es und finden Sie selbst heraus, wie effektiv die von mir erarbeiteten Methoden sind.

Ursachenforschung

Um Sie überhaupt in die Lage zu versetzen, Ihr Ziel – konzentriert und fokussiert an etwas zu arbeiten – erreichen zu können, ist es zu Beginn wichtig, den Ursachen dafür auf den Grund zu gehen, warum Sie es bisher nicht schaffen konnten. Die Gründe für Konzentrationsmangel oder, schlimmer noch, völlige Zerstreutheit können sehr vielfältig sein und bauen grundsätzlich aufeinander auf. Es ist essenziell, dass Sie die Ursache(n) für Ihr Problem kennen und beheben, wenn Sie eine Veränderung bewirken wollen. Was auf der Hand liegt, ist wohl die Tatsache, dass Sie den Kopf nicht freihaben, denn wäre dem nicht so, könnten Sie sich problemlos zu 100 % auf Ihre jeweilige Aufgabe konzentrieren. Das bringt uns dann gleich zu der – meiner Meinung nach – einzigen oder auch grundlegenden Ursache für Konzentrationsmangel: Stress. Doch ist dieses Thema weit komplexer, als Sie wahrscheinlich vermuten.

ALLES BEGINNT MIT DEM HAMSTERRAD STRESS

Stress ist die Hauptursache für mangelnde Konzentrationsfähigkeit, doch ist es ein wenig zu einfach und sicher nicht hilfreich für Sie, alles nur mit diesem einen Wort abzutun. Deshalb nehme ich das Thema Stress hier einmal genauer unter die Lupe, wobei die Fragen lauten, was genau Stress denn eigentlich ist, wie er entsteht und was er bewirkt.

DIE KÖRPERLICHE EBENE

Stress ist eine Reaktion des Körpers, bei der bestimmte Hormone ausgeschüttet werden, unter anderem Adrenalin, Noradrenalin und Cortisol. Dies basiert auf uralten Überlebensinstinkten, die die Grundbausteine der Evolution bilden und schon in den primitivsten Lebensformen vorhanden sind, denn wenn diese Hormone ausgeschüttet werden, wird der Körper leistungsfähiger. Früher, als wir noch um unser Überleben kämpfen mussten und uns regelmäßig Konfrontationen mit Feinden ausgesetzt sahen, hatten wir nur zwei Möglichkeiten, unser Überleben zu sichern: Flucht oder Kampf. Und um zu gewährleisten, dass dies für uns erfolgreich ausgeht, steigert der Körper durch die eben genannten Hormone vorübergehend unsere Leistungsfähigkeit.

Als diese körperlichen, instinktbasierten Mechanismen während der Evolution entstanden, hatten sie auch ihren Sinn, denn solche Situationen bestanden immer nur kurz. Entweder man siegte im Kampf, die Flucht gelang oder man starb. In jedem Fall war die Ausschüttung dieser Hormone nur für wenige Minuten notwendig.

Für den modernen Menschen, der in unserer Leistungsgesellschaft lebt, werden jene Hormone aber zu einem gewaltigen Problem, denn dieser Mechanismus wird jedes Mal ausgelöst, wenn wir Angst vor etwas haben, ob uns diese Angst nun bewusst ist oder nicht. Wenn Ihr Chef Ihnen zum Beispiel einen Berg voll Arbeit auf den Tisch legt, mit einer Deadline, von der sie denken, „Das schaffe ich niemals", entsteht in Ihnen das Gefühl der Angst und der Kreislauf wird gestartet. Ihr Körper geht, ohne dass Sie bewusst etwas davon mitbekommen, in den „Flucht-oder-Kampf-Modus". Es gibt natürlich unzählige Beispiele für solche Situationen, aber ich denke, es ist klar, worauf ich hinauswill. Jedes Mal, wenn Sie einer Aufgabe, einem Problem oder einer Herausforderung gegenüberstehen, der Sie sich nicht gewachsen fühlen, switcht Ihr Körper in diesen Modus.

Denken Sie jetzt einmal darüber nach, wie oft Sie selbst in Ihrem Alltag dieses Gefühl haben. In unserer Gesellschaft ist dies so alltäglich und „normal" geworden, dass keiner mehr bewusst darüber nachdenkt. Die Dinge sind einfach so, wie sie sind, und wir müssen uns daran anpassen, um zu überleben. Grundsätzlich ist jeder Mensch auch in der Lage, dies zu tun – auf eine gesunde Art und Weise, die ich Ihnen in diesem Ratgeber beibringen möchte –, doch solange dieser Mechanismus immer wieder unbewusst getriggert wird, drehen wir uns bald in einem Hamsterrad aus Dauerstress, welcher, je länger er anhält, verheerende Auswirkungen hat.

Ein anderer Faktor, der Ihren Körper in diesen Modus bringt, sind emotionale Verletzungen oder das Triggern ebensolcher. Jedes Mal, wenn Sie emotional verletzt werden, reagiert Ihr Körper genauso wie bei einer physischen Verletzung, der „Kampf-oder-Flucht-Modus" wird ausgelöst. Wird eine alte Verletzung durch ein bestimmtes Ereignis getriggert – das bedeutet, dass Sie etwas an diese Verletzung erinnert, und dafür reichen oft Kleinigkeiten, die Ihnen bewusst nicht einmal auffallen –, dann reagieren Sie genauso, wie Sie es ursprünglich getan haben, als diese Verletzung entstand. Im Grunde gilt das ebenfalls sowohl für physische als auch für emotionale Verletzungen.

Auch wenn Sie unter Schmerzen leiden, triggert das den „Kampf-oder-Flucht-Modus" unseres Körpers. Dabei ist es unerheblich, ob diese Schmerzen entweder bereits eine Folge von Stress – zum Beispiel Kopfschmerzen – oder auch die Ursache einer körperlichen Erkrankung sind. Schmerz bringt unseren Köper ebenfalls in diesen Modus, da auch hier eine gesteigerte Leistungsfähigkeit überlebensnotwendig ist. Denken Sie nur einmal an ein verletztes oder krankes Tier, das Fressfeinde magisch anzieht, und vergessen Sie nicht, dieser Mechanismus entstand lange vor der Entwicklung des modernen Menschen.

Das Hauptproblem an diesem „Kampf-oder-Flucht-Modus", in dem sich die meisten Menschen heutzutage befinden, ist nämlich Folgendes: In diesem Modus sind wir zwar körperlich leistungsfähiger, aber nicht geistig! Der Körper lenkt alle Energie in die Muskeln, die Lunge und das Herz. Dadurch sind wir innerhalb dieses Modus gar nicht in der Lage, klar zu denken. Zudem wirkt sich dieser Zustand umso schädigender auf den gesamten Organismus, den Geist und die Psyche aus, je länger er anhält.

Es entsteht eine ganze Kette aus neuen Problemen, sowohl auf körperlicher als auch auf geistiger und psychischer Ebene. Wenn unser Körper die ganze Zeit im Hochleistungsmodus ist, müssen wir uns beispielsweise nicht darüber wundern, warum die Zahl der an Bluthochdruck leidenden Menschen innerhalb der letzten Jahrzehnte in schwindelerregende Höhen gestiegen ist. Der Bluthochdruck steigert das Herzinfarkt- und Schlaganfallrisiko, schädigt Nieren, Herz und Lunge, wodurch auch die anderen Organe zunehmend beeinträchtigt werden. Das gesamte System wird in Mitleidenschaft gezogen. Ab einem gewissen Grad wird dieser Zustand dann chronisch, denn da Körper, Geist und Psyche als Einheit funktionieren, bedingt eine Fehlfunktion im System praktisch die nächste.

Bisher habe ich mich auf die körperlichen Auswirkungen von Stress beschränkt, doch wie sieht es mit unserem Geist und der Psyche aus?

DIE GEISTIGE EBENE

Solange wir uns im sogenannten „Kampf- oder Flucht-Modus“ befinden, wird unser Gehirn unterversorgt, sowohl mit Sauerstoff als auch mit Blut, und dadurch auch mit den Nährstoffen, die es benötigt, um effektiv arbeiten zu können. Hier stoßen wir gleich auf ein doppeltes Problem, denn das menschliche Gehirn ist für eine bestimmte Aufgabe geschaffen: Probleme zu analysieren, sie zu lösen und die Lösung – sollte sie häufiger benötigt werden – so weit in Form von neuronalen Netzwerken auszubauen, dass diese Lösung zu einem unbewusst ablaufenden Automatismus werden kann. Auf diese Weise wird wieder Leistungskapazität frei für die Analyse und Lösung neuer Probleme.

Wenn das Gehirn nun aber die ganze Zeit unterversorgt ist, beginnen die Probleme, mit denen es sich konfrontiert sieht, immer mehr an Anzahl und Stärke zu gewinnen. Das führt dazu, dass unsere Gedanken um all die ungelösten Probleme zu kreisen beginnen: „Wie schaffe ich es, die Arbeit rechtzeitig zu bewältigen?“, „Wie löse ich die Sache mit meinem Freund/meiner Freundin etc.?“, „Wann soll ich denn noch den nächsten Termin in meinem Kalender unterbringen?“.

Dies sind natürlich nur allgemein gehaltene Beispiele und je nachdem, wie aufgeräumt Ihr Leben ist, kann sich dieses Gedankenkreisen in Grenzen halten – oder eben umgekehrt. Je häufiger und dauerhafter Sie also körperlich im Stressmodus sind, desto mehr kreisen die Gedanken und diese halten Sie nicht nur davon ab, sich zu konzentrieren, sondern rauben Ihnen auch noch den Schlaf, was wiederum dazu führt, dass der Stressmodus weiter angefacht wird. Auch Schlafmangel – sei er direkt durch zu viel Stress, indirekt durch die Folgen davon oder durch andere Gründe ausgelöst – bringt den Körper wieder dazu, Stresshormone auszuschütten, damit man leistungsfähig bleibt. So kommen wir nun zuletzt dazu, wie sich dieser Zustand auf Ihre Psyche auswirkt.

DIE PSYCHISCHE EBENE

Wenn der Stress bei Ihnen so weit fortgeschritten ist, dass die Gedanken kreisen, Sie schlecht schlafen und sich nicht mehr konzentrieren können, dann leiden auch Ihr Wohlbefinden und Ihre Zufriedenheit und damit die Psyche. Was aber genau ist denn die Psyche?

Ich beziehe mich mit diesem Begriff nicht auf die menschliche Seele. Diese steht außerhalb von all dem und ob Sie an diese glauben, bleibt natürlich Ihnen überlassen. Aus medizinischer Sicht – und auf dieser Ebene möchte ich in diesem Buch bleiben – bezieht sich dieser Begriff eigentlich nur auf unser Gehirn bzw. die Gehirnchemie. Damit sind hauptsächlich die Neurotransmitter gemeint. Das sind Botenstoffe, die unser Gehirn benötigt, um Informationen von einer Nervenzelle zur anderen zu übertragen. Gerät die Hirnchemie aus dem Gleichgewicht, können Informationen nicht richtig übertragen werden, bestimmte Hormone können nicht ausgeschüttet werden und all dies zieht eine Menge Probleme im gesamten System nach sich. Um die Psyche noch besser zu verstehen, müssen Sie außerdem wissen, dass Gedanken und Gefühle grundsätzlich so etwas wie Zwillinge sind. Sie gehören unweigerlich zusammen, denn jeder Gedanke löst ein Gefühl aus, das ihn begleitet. Haben Sie also negative, angst- oder stressgeprägte Gedanken, löst dies wiederum entsprechende Gefühle aus. Gefühle sind nur ein Spiegelbild der Gedanken, denn die Gedanken sind die Ursache für die entstehenden Gefühle.

Unser Gehirn reagiert unverzüglich auf jeden Gedanken und schüttet Hormone aus, die der „Qualität" dieses Gedankens entsprechen. Diese Hormone lösen verschiedene Gefühle aus, deshalb sind Gedanken und Gefühle eins. Wenn dieses System schon durch fehlende oder nicht ausreichend vorhandene Neurotransmitter gestört ist, sind die Folgen unberechenbar. Wie wir gleich noch erörtern werden, kann ein Mangel an Neurotransmittern zum Beispiel Depressionen auslösen.

Unsere Gefühle sind eigentlich dazu bestimmt, uns eine Art Navigationssystem zu sein, das uns nicht nur Auskunft über die Qualität unserer Gedanken geben, sondern gleichzeitig auch den Weg in ein ausgeglicheneres, zufriedeneres Leben ebnen kann. Dieses Zusammenspiel aus Gedanken und Gefühlen ist das, was wir als Psyche bezeichnen. Sie lässt sich vom Geist genauso wenig trennen wie vom Körper, denn eines beeinflusst das andere.

DAS GESCHLOSSENE SYSTEM KÖRPER, GEIST UND PSYCHE

Wie wir nun gesehen haben, funktionieren die oben erklärten Ebenen als Ganzes, jede ist für sich Teil eines geschlossenen Systems und wird ein Teil dieses Systems beeinträchtigt, wirkt sich dies auf das gesamte System aus. Die Medizin weiß inzwischen seit einigen Jahren, dass wir in Wahrheit drei Gehirne haben, auch wenn das bisher bei den wenigsten praktizierenden Ärzten angekommen ist. Unser „Hauptgehirn" im Kopf, das Herz und den Darm. Das Kopfgehirn kommt dabei einer Art Hauptschaltzentrale gleich, es steuert sowohl unbewusste, körperliche Vorgänge als auch Hormonausschüttung, Atmung, Herzschlag und Verdauung sowie das Denken selbst.

Dem Herzen kann man eine Art Vermittlerfunktion zuschreiben, denn durch bestimmte Nervensysteme – Sympathikus und Parasympathikus – bestimmt es unter anderem darüber, wie wir auf Gedanken reagieren. Ein Gedanke wird über das Nervensystem an das Herz weitergeleitet, dort bewertet und die Bewertung wird an das Hauptgehirn zurückübermittelt. Dort werden dann die entsprechenden Hormone ausgeschüttet, auf die im Umkehrschluss wieder der gesamte Körper reagiert.

Der Darm verfügt – genau wie das Herz – über eine eigene direkte Nervenverbindung zum Hauptgehirn, die in beide Richtungen verläuft. Dies ist die sogenannte „Darm-Hirn-Achse", die hauptsächlich über das Rückenmark führt. Die Forschung ist erst jetzt dabei, herauszufinden, wie stark sich die Gesundheit unseres Darms oder besser gesagt der Darmflora auf das gesamte System auswirkt. Die Bakterien, die unseren Darm besiedeln, spielen dabei eine zentrale Rolle. Ist die Darmflora im Gleichgewicht, kann der Darm seiner Aufgabe nachkommen, bestimmte Neurotransmitter zu produzieren, die für die Ausschüttung bestimmter Hormone essenziell sind: Serotonin und Dopamin. Dies sind gerade die Hormone, die dafür sorgen, dass wir uns gut fühlen. Ein Mangel an diesen Hormonen – oder an den Neurotransmittern, die wir für die Ausschüttung dieser Hormone benötigen – kann unter anderem zu Depressionen, Suchtverhalten und Angststörungen führen.

Da die Darm-Hirn-Achse Kommunikation in beide Richtungen zulässt, wirkt sich Stress hier doppelt so fatal aus. Denn zum einen sorgt er dafür, dass unser Darm unterversorgt wird, wodurch die Darmflora gestört wird und nicht mehr genügend Neurotransmitter produziert werden. Zudem wirkt sich dies auch in starkem Maße auf die uns zur Verfügung stehende Energie aus, denn die Aufnahme von Nährstoffen, die unseren Körper und das Hauptgehirn versorgen, wird so ebenfalls verlangsamt. Auf der anderen Seite kann die Darmflora auch durch falsche Ernährung aus dem Gleichgewicht geraten, was zu den gleichen Symptomen führt und den Körper wieder in den Stress-Modus bringt.

ERKRANKUNGEN, DIE ZU KONZENTRATIONSMANGEL FÜHREN

Konzentrationsmangel ist immer ein Ausdruck einer Störung unseres physiologischen Systems, denn in einem gesunden Körper lebt ein gesunder Geist, wie man so schön sagt. Dass dies mehr ist als nur eine Bauernweisheit, haben wir inzwischen ausreichend beleuchtet. Es liegt an Ihnen, wie sehr Sie sich weiter in die bisher nur im Ansatz erklärte Materie vertiefen möchten. Für unsere Zwecke ist das bisher beschriebene Wissen ausreichend, weshalb ich nun zum Abschluss dieses Kapitels noch eine Auflistung der Haupterkrankungen oder „Störungen im System" aufführen möchte, die die Ursache Ihrer Konzentrationsprobleme bilden könnten. Diese Liste beschränkt sich auf die offensichtlichsten Krankheiten und ließe sich beinahe endlos fortsetzen. Sie soll Ihnen lediglich als erster Überblick dienen. Wie Sie inzwischen selbst gesehen haben, ist es dabei fast unmöglich, zu sagen, ob die Ursache für diese Krankheiten nun rein körperlich oder rein psychisch ist. Was ich aber aus Erfahrung mit Sicherheit sagen kann, ist, dass es nur eine Wurzel all diesen Übels gibt – und diese lautet Stress!

Erkrankungen des Körpers	**Erkrankungen des Geists/der Psyche**
Leaky Gut Syndrom, andere Darmerkrankungen bzw. Erkrankungen des gesamten Verdauungstraktes, gestörte Darmflora	Burn-out
Erkrankungen des Herzens	Depressionen
Erkrankungen der Lunge	Schlafstörungen
Erkrankungen, die Schmerzen verursachen, zum Beispiel Migräne, Morbus Bechterew, Rückenleiden etc.	Angststörungen
	Schwerwiegendere Erkrankungen wie Persönlichkeitsstörungen

Abschließend möchte ich noch ein paar Worte zum Thema psychische Erkrankungen loswerden. Selbst heute noch wird dieses Thema in der breiten Masse regelrecht stigmatisiert, doch leiden weit mehr Menschen unter „psychischen Grunderkrankungen“ wie Depressionen, Burn-out und Angststörungen, als es sowohl der Allgemeinheit als auch den betroffenen Menschen selbst bewusst ist. Wie Sie bereits gesehen haben, lassen sich Körper, Geist und Psyche ohnehin nicht getrennt voneinander betrachten oder behandeln. Hinzu kommt eine wichtige Frage, die Sie sich stellen sollten, wenn eine psychische Erkrankung für Sie selbst etwas ist, das man mit allen Mitteln verbergen muss:

Wenn Sie sich einen Arm brechen, würden Sie sich dann schämen, zum Arzt zu gehen, um den Arm fachgerecht behandeln zu lassen? Hätten Sie ein Problem damit, sich einzugestehen, dass Sie mit einem gebrochenen Arm weniger leistungsfähig sind?

Ich denke, die Antwort auf diese Frage ist klar. Wieso sollte also eine andere Einstellung für Erkrankungen der Psyche gelten, vor allem, nachdem Sie nun besser Bescheid wissen über das Zusammenspiel von Körper, Geist und Psyche? Es ist an der Zeit, die Stigmatisierung dieser Thematik zu bekämpfen, offen zu seinen Schwächen zu stehen und vor allem, sich unabhängig von der Wertung anderer Menschen zu machen. Die Unabhängigkeit dieser Wertung wird in diesem Buch noch ein eigenes wichtiges Thema werden, denn selbstverständlich ist es immer leichter gesagt als getan, einfach auf die Meinungen anderer nichts zu geben. Für die Verbesserung Ihrer geistigen Leistungsfähigkeit ist es jedoch unerlässlich, dies zu lernen. Dies bringt uns nun im folgenden Kapitel endlich dazu, wie Sie Ihr Problem Schritt für Schritt angehen und lösen können.

Dem Teufelskreis entfliehen – Schritt für Schritt in ein gesünderes und zufriedeneres Leben

Zugegeben, der Weg, den Sie vor sich haben ist, werden Sie nicht in ein paar Tagen oder Wochen vollenden können, es handelt sich eher um einen lebenslangen Prozess. Zwar werden Sie schon nach einigen Wochen erste Veränderungen bemerken und je nachdem, wie stark ausgeprägt Ihr Problem schon ist und wie konsequent Sie meine Methoden anwenden, können Sie es bereits innerhalb weniger Monate schaffen, sich nicht nur besser zu konzentrieren, sondern auch, ganz allgemein ein zufriedeneres und erfüllteres Leben zu führen. Doch sollten Sie eines nicht vergessen: Man rutscht nur allzu leicht in alte Muster zurück und landet dann ganz schnell wieder da, wo man angefangen hat. Deshalb ist es wichtig, den neuen Lebenswandel, den ich Ihnen in diesem Buch näherbringen möchte, nicht nur beizubehalten, sondern auch zu pflegen und auszubauen, frei nach dem Motto: Je mehr, desto besser!

SCHRITT 1: DIE BESTANDSAUFNAHME

Der erste Schritt, den Sie zu gehen haben, ist, Ihr Leben aufzuräumen. Damit Sie dies jedoch tun können, müssen Sie wissen, wo Sie überhaupt stehen. Deshalb beginnen wir mit einer allgemeinen Bestandsaufnahme aus zwei Listen, die wir im Folgenden noch weiterbearbeiten werden. Die erste Liste fasst Ihre körperlichen, geistigen und psychischen Symptome oder Beschwerden zusammen, die zweite Liste ist eine allgemeine Bestandsaufnahme Ihrer Lebenssituation mit dem Fokus auf die Probleme, die sich daraus ergeben. Ich werde Ihnen für beide Listen ein Beispiel mit möglichen Inhalten zur Verfügung stellen, damit Sie einerseits sehen, was alles darin enthalten sein kann oder sollte, und um andererseits zu veranschaulichen, wie Sie diese Listen nach Fertigstellung weiter bearbeiten müssen, um den Grundbaustein für Ihre folgende Arbeit zu legen.

Nehmen Sie sich also einen Zettel und einen Stift, Ihr Handy, Ihr Tablet, Ihr Notebook oder etwas, womit Sie am liebsten arbeiten, zur Hand. Die elektronische Form empfiehlt sich hier für die Erstellung dieser Listen, da wir im nächsten Schritt noch einiges bearbeiten werden.

Liste über Ihre körperlichen, geistigen und psychischen Symptome

Überlegen Sie ganz in Ruhe – und seien Sie dabei gnadenlos ehrlich zu sich selbst, besonders, wenn es um die psychischen Faktoren geht –, welche Beschwerden bei Ihnen auftreten. Lassen Sie sich Zeit für diese Liste, denn es ist wichtig, dass alle Listen, die Sie hier erstellen, wirklich vollständig sind, und ich weiß aus eigener Erfahrung, dass einem aus dem Stegreif zunächst nur die belastendsten Symptome einfallen. An viele kleinere Beschwerden hat man sich derart gewöhnt, dass sie einem kaum noch auffallen.

Beispiel Liste Nr. 1 – Körperliche, geistige und psychische Beschwerden

- *Konzentrationsmangel*
- *Häufige Kopfschmerzen*
- *Verspannte Rücken- oder Nackenmuskulatur*
- *Verdauungsprobleme*
- *Schlafstörungen*
- *Rückenschmerzen*
- *Angst oder „ungutes Bauchgefühl“ vor der Arbeit oder vor/in bestimmten Situationen*
- *Gefühl der Überforderung*
- *Albträume*

- *Nahrungsmittelunverträglichkeiten*

Liste über Ihre Lebenssituation

Diese Aufgabe ist schon etwas komplexer, denn Sie müssen sich nun intensiv Gedanken darüber machen, wie Ihr derzeitiges Leben überhaupt aussieht. Dabei sind die gleich folgenden Punkte wichtig und gehören – in der folgenden Strukturierung – auf die Liste. Bitte geben Sie dabei, wenn möglich, auch immer den Zeitfaktor an, den der jeweilige Punkt pro Woche (inklusive Wochenende, also sieben Tage) in Anspruch nimmt.

Alltag:

- Welche Anforderungen gehören zu Ihrem Alltag?
- Wie ist Ihr Tag strukturiert, sowohl innerhalb der Woche als auch am Wochenende?

Zwischenmenschliche Beziehungen:

- Wie steht es um die zwischenmenschlichen Beziehungen in Ihrem Leben? Gibt es Probleme im familiären Bereich, mit den Eltern, mit Geschwistern, mit dem Partner, mit Ihren Kindern bzw. mit Kollegen oder mit Freunden? Wenn ja, welche? Auch wenn es hier tatsächlich keine Probleme gibt, sollten Sie auflisten, wie viel Zeit pro Woche dieser Bereich in Ihrem Leben in Anspruch nimmt.

Freizeit und energiespendende- oder raubende Faktoren:

- Wie gestalten Sie Ihre Freizeit? Wie viel Zeit haben Sie dafür zur Verfügung?
- Was tut Ihnen gut und wie viel Zeit verbringen Sie durchschnittlich in einer Woche damit?
- Was tut Ihnen nicht gut und wie viel Zeit verbringen Sie durchschnittlich in einer Woche damit?

Umgang mit sich selbst:

- Wie sind Ihre Schlafgewohnheiten und passen diese zu Ihrem natürlichen Biorhythmus? Bekommen Sie ausreichend Schlaf?
- Wie sieht es mit Ihrer Ernährung aus? Essen Sie regelmäßig? Was essen Sie? Achten Sie auf eine gesunde und ausgeglichene Ernährung?

Allgemeiner Zufriedenheitsfaktor/Ziele:

- Was stört Sie in Ihrem Leben?
- Was fehlt Ihnen in Ihrem Leben?

Hier folgt nun ein allgemeingehaltenes Beispiel, wie diese Liste aussehen könnte:

Beispiel Liste Nr. 2 – Lebenssituation

Alltag:

- *Arbeit: 40 Std./Woche*
- *Kinder versorgen (individuelle Details bitte entsprechend auflisten): 10 Std./Woche*
- *Haushalt: 4 Std./Woche*
- *Einkauf: 2 Std./Woche*
- *Essen zubereiten für sich selbst/für die Familie: 8 Std./Woche*

Zwischenmenschliche Beziehungen:

- *Gemeinsame Zeit mit dem Partner, um etwas Schönes zu tun oder gemeinsam zu entspannen: 10 Std./Woche*
- *Herumstreiten/Diskutieren mit den Kindern: 5 Std./Woche*
- *Telefonate mit Freunden: 2 Std./Woche*
- *Treffen mit Freunden, Freundschaftsdienste: 4 Std./Woche*
- *Besuche/Telefonate bei/mit Eltern, Geschwistern, anderen Verwandten: 1 Std./Woche*

Freizeit und energiespendende- oder raubende Faktoren:

- *Freie Zeit: 10 Std./Woche*
- *Sportaktivitäten, Hobbys, die in dieser Zeit ausgeübt werden und guttun: 2 Std./Woche*
- *Zeit, die mit Menschen oder Tätigkeiten verbracht wird, die man nur ungern tut: 6 Std./Woche*
- *Prokrastinierende Tätigkeiten: 4 Std./Woche*

Umgang mit sich selbst:

- *Schlaf: 7 Std./Nacht unter der Woche, 8 Std./Nacht am Wochenende, insgesamt: 51 Std./Woche*
- *Biorhythmus: Sind Sie eher Frühaufsteher oder Nachtmensch? Wie sehr müssen Sie sich in Ihrem natürlichen Biorhythmus verbiegen? Wenn Sie dies tun, tun Sie es konsequent oder leben Sie Ihren natürlichen Rhythmus am Wochenende aus?*
- *Essen in der Woche/am Wochenende: Essen Sie regelmäßig/unregelmäßig? Wie oft am Tag und was essen Sie? Wie häufig kochen Sie selbst? Wenn Sie kochen, dann eher etwas, das schnell geht, Fertiggerichte oder richtige Mahlzeiten?*

Ernährung:

- *allgemein: Wie oft essen Sie wirklich gesunde, ausgewogene Mahlzeiten? Nehmen Sie sich Zeit zum Kochen? Achten Sie auf die Qualität der Zutaten? Betreiben Sie eine bestimmte Ernährungsweise? Ist gesunde Ernährung überhaupt ein Faktor in Ihrem Leben?*

Anmerkung: Den Zeitfaktor für das Thema Ernährung haben Sie schon unter dem Punkt Alltag bestimmt, Sie müssen ihn hier deshalb nicht noch einmal aufführen.

Allgemeiner Zufriedenheitsfaktor/Ziele:

Was stört mich in meinem Leben:

- *Zu wenig Zeit für Sport, Hobbys, Freunde*
- *Streitereien/Unstimmigkeiten im zwischenmenschlichen Bereich*
- *Probleme auf der Arbeit, mit Vorgesetzten oder Kollegen*
- *Bestimmte Menschen, mit denen man umgehen muss*
- *Biorhythmus nicht ausleben können*

Was fehlt mir in meinem Leben?

Listen Sie hier Ihre persönlichen Wünsche und Ziele auf, unabhängig davon, wie realistisch Ihnen die Umsetzung oder das Erreichen derselben erscheint. Für ein ausgeglichenes und zufriedenes Leben – was wiederum die Grundlage dafür ist, dass Sie einen freien Kopf zur Konzentration haben – sind Träume oder Wünsche, nach denen man streben kann, von großer Bedeutung!

Wie Sie sehen, habe ich diese Liste nur zum Teil mit Beispielen ausgefüllt und bei jenen Punkten, wo es komplexer wird, nur Anregungen gegeben. Nehmen Sie sich für die Erstellung der beiden Listen mindestens eine Woche Zeit und gehen Sie die Listen täglich am Abend durch, damit Ihnen keine noch so kleinen Details entgehen!

SCHRITT 2: DIE WEITERE BEARBEITUNG IHRER LISTEN

Liste Nr. 1 – Ihre körperlichen und psychischen Beschwerden und Symptome

Ich möchte, dass Sie sich diese Liste nun vornehmen und jeden einzelnen Punkt farblich markieren. Dabei nutzen wir ein Vier-Farben-System. Wenn Sie mit Papier und Stift gearbeitet haben, benötigen Sie nun vier verschiedenfarbige Textmarker, im anderen Fall nutzen Sie einfach die Funktion zur farblichen Hervorhebung von Text Ihres Schreibprogramms.

Markieren Sie die einzelnen Punkte farblich nach dem folgenden Schema:

- **Rot:** sehr hohe, tägliche Belastung und Einschränkungen im Alltag von Dingen, die Ihnen persönlich sehr wichtig sind
- **Orange:** wie rot, nur dass sich die daraus resultierenden Einschränkungen hier auf Dinge beziehen, die Sie nicht gerne tun oder die Ihnen ohnehin nicht guttun
- **Gelb:** mittelstarke, situationsbedingte Belastung oder Einschränkung
- **Grün:** geringfügige Belastung, hoher Gewöhnungsfaktor, keine großen Einschränkungen oder Belastungen, die dadurch entstehen

Nachdem Sie Ihre Liste auf diese Art weiterbearbeitet haben, wird klar sein, warum wir hier mit Farben gearbeitet haben. Sie können nun sehr deutlich sehen, wo Ihre größten Baustellen liegen. Da wir das Gleiche unter anderem mit der nächsten Liste machen, werden sich beide Listen am Ende ergänzen und Ihnen ein umfassendes Bild über Ihre Hauptproblematiken geben.

Liste Nr. 2 – Weiterbearbeitung nach Ihrer Lebenssituation im Detail

Hier gehen Sie wieder genauso vor, wie bei der ersten Liste, nur haben die Farben eine leicht veränderte Bedeutung:

- **Rot:** tut mir nicht gut, laugt mich aus, großer Negativfaktor in meinem Leben
- **Orange:** wie rot, nur mit dem Zusatz, dass es sich um etwas handelt, das Sie tun müssen, ob Sie wollen oder nicht
- **Gelb:** macht keinen Spaß, aber wirkt sich auch nicht allzu negativ auf mich aus
- **Grün:** tut mir gut, gibt mir Energie, macht mir Freude

Liste Nr. 2 – Weiterbearbeitung nach Zeitfaktor

Für die zweite und letzte Bearbeitung dieser Liste benötigen Sie keine Farben, sondern Sie müssen ein wenig rechnen. Den Zeitfaktor für jeden einzelnen Punkt haben Sie bereits eingetragen, also müssen Sie jetzt nichts weiter tun, als diese Zeiten zusammenzurechnen und die Gesamtzeit dann der Zeit gegenüberzustellen, die Sie in sieben Tagen zur Verfügung haben: 168 Stunden. Legen Sie dafür eine neue Liste an, in der Sie nur die Punkte aufnehmen, denen Sie einen Zeitfaktor zugeordnet haben, denn diese Liste enthält ja auch Antworten auf bestimmte Fragen zu Ihrer Lebensführung. Diese Antworten sind hier nicht relevant. Zur Veranschaulichung gebe ich Ihnen hier ein allgemeingehaltenes Beispiel:

Beispiel Liste Nr. 2 – weiterbearbeitet nach Zeitfaktor

- *Arbeit: 40 Std./Woche*
- *Kinder versorgen (individuelle Details bitte entsprechend auflisten): 10 Std./Woche*
- *Haushalt: 4 Std./Woche*
- *Einkauf: 2 Std./Woche*
- *Essen zubereiten für sich selbst/die Familie: 8 Std./Woche*
- *Gemeinsame Zeit mit dem Partner, um etwas Schönes zu tun oder gemeinsam zu entspannen: 10 Std./Woche*
- *Herumstreiten/Diskutieren mit den Kindern: 5 Std./Woche*
- *Telefonate mit Freunden: 2 Std./Woche*
- *Treffen mit Freunden, Freundschaftsdienste: 4 Std./Woche*
- *Besuche/Telefonate bei/mit Eltern, Geschwistern, anderen Verwandten: 1 Std./Woche*
- *Sportaktivitäten, Hobbys, die in dieser Zeit ausgeübt werden und guttun: 2 Std./Woche*
- *Zeit, die mit Menschen oder Tätigkeiten verbracht wird, die man nur ungern tut: 6 Std./Woche*
- *Prokrastinierende Tätigkeiten: 4 Std./Woche*

• *Schlaf: 7 Std./Nacht unter der Woche, 8 Std./Nacht am Wochenende, insgesamt: 51 Std./Woche*

Verbrauchte Zeit pro Woche: 150 Std.
Insgesamt zur Verfügung stehende Zeit: 168 Std.

In diesem Beispiel würden Sie also feststellen, dass Sie 18 Stunden Zeit pro Woche haben, die Ihnen nicht bewusst war und die Sie vermutlich nicht immer auf konstruktive Art genutzt haben. Damit werden wir uns später noch eingehender beschäftigen. Sollten Sie hier auf einen Wert an ungenutzter Zeit kommen, der über 50 Stunden pro Woche liegt, könnte Ihr Problem auch Unterforderung statt Überforderung sein, was sich ebenfalls stressfördernd auswirkt.

Stellen Sie jedoch fest, dass Ihre Rechnung nicht aufgeht, was bedeutet, dass Sie anscheinend mehr Zeit verbrauchen, als Sie eigentlich zur Verfügung haben, ist es wohl am deutlichsten, dass Sie an Ihrer Lebensführung und Alltagsgestaltung dringend etwas ändern müssen, was uns zum nächsten Überarbeitungspunkt dieser Liste bringt. Sie sind jetzt gefordert, den Rotstift anzusetzen, um Ihren Alltag im nächsten Schritt neu strukturieren zu können, auf eine Art und Weise, die gesünder und zufriedenstellender für Sie ist, Ihnen mehr Freiräume verschafft und im günstigsten Fall dafür sorgt, dass Sie keine oder kaum noch rote oder orangene Markierungen auf Ihren Listen haben.

Behalten Sie diese Listen, damit Sie Veränderungen hier eintragen bzw. neu bearbeiten können. Ich empfehle Ihnen, jede Veränderung entweder auszudrucken oder unter Zusatz des Datums neu abzuspeichern. Auf diese Art haben Sie auch einen guten Blick auf Ihre Fortschritte und Erfolge, was einen großen Motivationseffekt hat.

Bewertung der fertigbearbeiteten Listen

Legen Sie nun alle drei Listen nebeneinander, zuerst die Liste mit Ihren Symptomen und Beschwerden, daneben die weiterbearbeiteten Versionen von Liste Nr. 2 mit der zeitlichen Bearbeitung ganz rechts. Nun haben Sie einen guten Überblick darüber, was in Ihrem Leben die größten

Belastungen/Stressfaktoren sind, und können evtl. sogar bereits einen Zusammenhang mit Ihren Symptomen erkennen. Der Zeitfaktor für jede einzelne Tätigkeit rundet das Gesamtbild ab. Damit haben Sie bereits den Grundstein für ein ausgeglicheneres, zufriedeneres und vor allem stressfreieres Leben gelegt. Die Bestandsaufnahme für Ihr derzeitiges Leben ist nun abgeschlossen und Sie wissen, wo Ihre Hauptbaustellen liegen. Deshalb können wir nun damit beginnen, wirklich etwas zu verändern.

SCHRITT 3: WAS IST NACH AUSWERTUNG DER BESTANDSAUFNAHME ZU TUN?

Bisher haben Sie eine Woche Zeit damit verbracht, Ihr Leben genauestens unter die Lupe zu nehmen. Jetzt ist es an der Zeit, Veränderungen vorzunehmen bzw. einen Plan dafür zu machen, den Sie wiederum Schritt für Schritt ausführen können. Bedenken Sie, dass Sie Ihr Leben nicht über Nacht verändern können. Es wird einige Zeit benötigen, bis Sie mehr Zufriedenheit erreicht haben. Wenn Sie alles auf einmal ändern wollen, überfordern Sie sich nur selbst und gelangen wieder in den Stressmodus, dem Sie ja eigentlich gerade entkommen wollen. Es gibt einen Leitsatz, der sich zwar paradox anhören mag, aber zutreffender nicht sein könnte und den Sie sich im Verlauf dieser Lektüre immer wieder ins Gedächtnis rufen sollten, denn er gilt im Grunde für jede Lebenslage:

Je langsamer Sie vorangehen, desto schneller gelangen Sie an Ihr Ziel!

Der Grund dafür ist ganz einfach: Je langsamer Sie etwas machen, desto gründlicher und sorgfältiger sind Sie und desto weniger Fehler unterlaufen Ihnen, die Sie sonst später wieder zeitaufwendig korrigieren müssten. Dies gilt sowohl an der Arbeit als auch in Bezug auf jegliche andere Lebenssituationen. Dabei muss langsam sein nicht bedeuten, dass Sie nicht trotzdem effizient sein können. Wenn Sie diesen Leitsatz zu eines Ihrer neuen Lebensmottos machen, vermeiden Sie Hektik und Stress schon im Entstehen. In diesem Schritt erstellen Sie deshalb zunächst einen Plan für notwendige

Veränderungen. Auch hier sollten Sie sich für jeden Schritt eine realistische Zeitspanne zur Umsetzung notieren. Strukturieren Sie Ihren Plan mit Überbegriffen wie in Liste Nr. 2. Das hilft bei der Übersicht. Beginnen Sie in Ihrem Plan bei der Liste über Ihre Symptome und Beschwerden mit den Baustellen, die Sie grün markiert haben, nicht mit den roten oder orangenen. Bei der anderen Liste beginnen Sie mit den gelb markierten Punkten. Dies hat den Grund, dass Sie auf diese Art schneller Erfolgserlebnisse haben werden, auch wenn diese noch klein sein mögen. Doch jeder Erfolg motiviert Sie, am Ball zu bleiben und weitere Veränderungen in Angriff zu nehmen. Arbeiten Sie sich auf diese Weise in umgekehrter Reihenfolge durch, von den am wenigsten belastenden Bereichen – die immer auch am einfachsten und schnellsten zu verändern sind – über die Bereiche mit mittlerer Belastung bis hin zu den Bereichen mit hohem Belastungsfaktor. Im letzteren Fall müssen Sie natürlich noch die Unterscheidung treffen zwischen Dingen, die Sie tun müssen – also vorerst nicht verändern können – , und Dingen, an denen Sie sehr wohl etwas ändern können, auch wenn es Ihnen vielleicht nicht einfach erscheint.

Am Ende werden Sie sogar in der Lage sein, etwas an den Bereichen zu verändern, die bisher unabänderlich erschienen – also an den orangemarkierten Bereichen. Diese Bereiche werden die größte und langwierigste Baustelle sein und einige davon bleiben vielleicht auch für immer oder zumindest langfristig ein belastender Faktor in Ihrem Leben. In diesem Fall werden Sie aber genügend Freiräume schaffen können und gleichzeitig neue Umgangsweisen mit diesen Situationen gelernt haben, sodass der Belastungsfaktor auch hier stark sinken wird.

Dem Thema, wie Sie die notwendigen Veränderungen planen und angehen können, werden wir uns im nächsten Kapitel ausführlich widmen.

Wie Sie die notwendigen Veränderungen in Ihrem Leben bewirken können

In diesem Kapitel werde ich auf die zwei wichtigsten Lebensbereiche – den zwischenmenschlichen und den beruflichen – detailliert eingehen und mich im Anschluss daran der Neustrukturierung Ihres Alltags zuwenden, da alle Punkte, die Sie auf Ihrer Liste finden, letztendlich hier zusammenlaufen. Um Ihren Alltag zu verbessern und mehr Freiräume zu schaffen, müssen Sie zunächst den Grundbaustein dafür legen und Ihre Beziehungen sowie Ihre Arbeitssituation klären. Außerdem widmen wir uns hier auch dem Thema Prokrastination, eine negative Angewohnheit, die die meisten von uns pflegen, sich aber im seltensten Fall darüber bewusst sind.

Der körperlichen Ebene werde ich mich am Ende dieses Kapitels widmen, da die körperlichen Symptome fast immer ihre Wurzeln in den zu verändernden Bereichen Ihres Lebens haben. Machen Sie sich aber bewusst, wie wichtig es ist, gleichzeitig an beiden Ebenen zu arbeiten, denn nur mit der physischen Ebene – also Ihren Erkrankungen und Symptomen – zu arbeiten, kann nicht zum Erfolg führen, da Sie die Ursachen nicht angehen. Umgekehrt ist es ineffizient, nur an den Ursachen in Ihrem Lebenswandel zu arbeiten, denn Ihr Körper benötigt zusätzliche Unterstützung, damit Sie schneller Erfolge sehen.

Abschließend möchte ich noch hervorheben, dass Sie von diesem Punkt an das Buch zunächst bis zum Ende lesen sollten, bevor Sie mit der Arbeit beginnen, denn in diesem Kapitel erkläre ich nur grundlegend, was Sie ändern können oder müssen und wie. Die dafür notwendigen Werkzeuge gebe ich Ihnen im darauffolgenden Kapitel ausführlich erklärt an die Hand.

DER ZWISCHENMENSCHLICHE BEREICH

Ich beginne mit diesem Thema, weil es für eine gesunde Lebensführung das Wichtigste überhaupt ist. Wenn hier alles im Gleichgewicht ist, stellt dies gewissermaßen die Grundlage für alle weiteren Veränderungen dar. Jeder Mensch hat bestimmte Grundbedürfnisse. Dazu gehören die für unser physisches Überleben unabdingbaren Bedürfnisse sowie jene, die der Evolution dienen: Atmung, Nahrung (inkl. Wasser) und Fortpflanzung. Daneben gibt es aber noch andere Grundbedürfnisse, die für unseren Geist und für die Psyche mindestens ebenso überlebenswichtig sind: Liebe, Sicherheit, Freiheit und Glück bzw. Selbstverwirklichung.

Dies sind die Dinge, nach denen alle Lebewesen streben, sei es nun bewusst oder unbewusst. Wenn diese Grundbedürfnisse über einen längeren Zeitraum nicht erfüllt werden oder ihre Erfüllung bedingt durch individuelle Faktoren in unserem Leben immer wieder gestört wird, geraten wir an dieser Stelle bereits in den Stressmodus. Die Erfüllung dieser Bedürfnisse findet hauptsächlich im zwischenmenschlichen Bereich statt oder wird dort im anderen Fall größtenteils gestört. Deshalb beginnen Sie Ihre „Lebensaufräumaktion“ am besten hier.

Die liebe Familie

Immer wieder beobachte ich, wie viele Menschen unter ungesunden Beziehungen im familiären Bereich mehr oder weniger stark leiden, ohne auch nur darüber nachzudenken, etwas an diesem Belastungsfaktor zu ändern. Hierbei kann es sich um gestörte Beziehungen zu den Eltern, zu Geschwistern, zu Onkeln und Tanten oder auch innerhalb der engsten Familie zum Lebenspartner oder gar zu den eigenen Kindern handeln. Fragt man diese Menschen, warum sie die belastende Situation aufrechterhalten, können Sie es meist nicht einmal beantworten, weil sie in den seltensten Fällen darüber nachgedacht haben. Wenn sie es dann jedoch tun, kommen meist Begründungen wie, „Es ist eben Familie, die kann ich nicht im Stich lassen“, „Blut ist dicker als Wasser“, „Ich schulde der Person so viel“ etc. Auf all diese Argumente möchte ich nun aus einer Sichtweise eingehen, die Ihnen als Leser dienlich sein soll, in Zukunft auf gesündere Art mit Konflikten und Problemen im familiären Bereich umzugehen.

Zunächst einmal: Blut ist nicht dicker als Wasser. Die Anzahl an ungesunden Familienstrukturen ist in der westlichen Welt enorm hoch und in anderen Kulturen – innerhalb derer die Familie einen viel wichtigeren Stellenwert einnimmt als in der westlichen Welt – teilweise sogar noch höher. Die Gründe hierfür sind vielfältig, zum Großteil kulturell bedingt oder gesellschaftsgeprägt, für dieses Buch aber eher von geringem Interesse. Viel wichtiger ist es meines Erachtens, sich eines bewusst zu machen: Sie können sich die Familie, in die Sie hineingeboren werden, nicht aussuchen, aber die Familie, die Sie sich selbst in Ihrem Leben als erwachsener Mensch aufbauen – bestehend aus Lebenspartner, Freunden und Familienmitgliedern, mit denen Sie tatsächlich eine harmonische Beziehung führen – hingegen schon.

Wenn es innerhalb Ihrer Familie ungesunde Beziehungsmuster gibt, die Sie belasten, sind Sie diesen Beziehungen auf keinen Fall ausgeliefert. Es ist Ihr Leben, Sie haben jederzeit die Wahl, wie Sie zum einen damit umgehen und zum anderen, wen Sie in Ihrem Leben behalten wollen. Dies ist selbstverständlich keine Aufforderung, alle Familienmitglieder, die Ihnen nicht guttun, sofort unwiderruflich aus Ihrem Leben zu verbannen, sondern vielmehr sollten Sie anfangen, die Probleme innerhalb dieser Beziehungen zu analysieren und mit der jeweiligen Person daran zu arbeiten.

Sehen Sie sich dafür die Beziehung zu jedem einzelnen Familienmitglied, mit dem es Probleme gibt, genau an und machen sie eine Pro- und Kontra-Liste. Was tut Ihnen an dieser Beziehung gut bzw. auf welche Art und wie stark dient sie der Erfüllung Ihrer Bedürfnisse und was geht Ihnen gegen den Strich oder stört Sie bei Ihrer Bedürfniserfüllung? Was verursacht Ihnen Stress, den Sie ohne diesen Menschen nicht hätten? Überlegen Sie als Nächstes, welche Veränderungen Sie bräuchten, damit sich diese Beziehung für Sie harmonischer, weniger belastend und dafür mehr bedürfniserfüllend gestaltet und halten Sie auch dies schriftlich fest. Stichworte sind hier völlig ausreichend. Bereiten Sie sich auf diese Art vor, sich mit der betreffenden Person hinzusetzen und ein klärendes Gespräch zu führen.

Arbeiten Sie gemeinsam aktiv mit der betroffenen Person an der Verbesserung der Beziehung und haben Sie dabei nicht nur Ihre eigenen, sondern auch die Bedürfnisse der anderen Person im Blick. Finden Sie Kompromisse, die für beide Seiten tragbar sind. Wie Sie solche Gespräche möglichst konfliktfrei und erfolgreich führen können, behandeln wir später noch im Kapitel über konstruktive Kommunikation.

Am Ende eines solchen Gesprächs sollten Sie eine Vereinbarung mit der jeweiligen Person getroffen haben, die von beiden Beteiligten bestimmte Veränderungen oder das Einhalten von Abmachungen verlangt. An dieser Stelle beginnt ein Prozess – denn mit einem einzigen Gespräch ist es in den seltensten Fällen getan –, den Sie sorgfältig im Auge behalten müssen. Es kann immer wieder einmal notwendig sein, sich erneut zusammenzusetzen und über Fortschritte zu sprechen, um sich gegenseitig zu motivieren, oder eben über die Dinge, die trotz Abmachung nicht funktionieren bzw. sich nicht verändern. In diesem Fall gehen Sie offen miteinander um: Wo genau liegen die Probleme? Gibt es andere Möglichkeiten zum Umgang mit der Situation? Oder war vielleicht nur eine Erinnerung an die Abmachung notwendig?

Wenn Sie im Verlauf – oder gleich zu Beginn – dieses Prozesses auf Widerstand stoßen, zum Beispiel, wenn das betroffene Familienmitglied überhaupt nicht bereit ist, sich mit Ihnen hinzusetzen und an der Beziehung zu arbeiten, haben Sie zwei Möglichkeiten: Handelt es sich um ein Familienmitglied, das Sie nicht aus Ihrem Leben verbannen können, was im Grunde nur für Kinder gilt, suchen Sie sich Hilfe von außen, zum Beispiel vom Jugendamt oder von einem Kinder- und Jugendpsychologen. Sie können auch nach speziellen Angeboten für Kinder in Ihrer Umgebung suchen, die hilfreich sind, den Bedürfnissen Ihres Kindes besser gerecht zu werden, als Sie es selbst können. Es gibt immer Unterstützung, egal, wie schwierig ein Fall auch sein mag. Lassen Sie sich in einem solchen Fall nicht von Rückschlägen oder dem Gefühl, allein dazustehen, entmutigen.

In allen anderen Fällen – gleichgültig, ob es sich dabei um Ihren Lebenspartner, Ihre Eltern, Ihre Geschwister oder um andere nahestehende Verwandte handelt – bleibt Ihnen nur eines: Sehen Sie den Tatsachen ins Auge und treffen Sie eine Entscheidung. Wiegen Sie nochmals die positiven und negativen Auswirkungen dieser Beziehung auf Sie ab. Wenn die negative Seite für Sie deutlich überwiegt und der andere keinerlei Bereitschaft zeigt, etwas daran zu ändern bzw. gemeinsam an einer Verbesserung der Situation zu arbeiten, ziehen Sie die dringend notwendige Konsequenz und schließen Sie diesen Menschen aus Ihrem Leben aus. Auf die Probleme, die Sie mit einer solchen Entscheidung möglicherweise haben werden, gehe ich später noch im Kapitel über gesunden Egoismus detaillierter ein.

Freunde und Bekannte

Im Grunde sollten Sie hier genauso vorgehen wie im familiären Bereich, mit dem Unterschied, dass Sie es hier viel leichter haben werden, notwendige Entscheidungen darüber zu treffen, ob jemand Teil Ihres Lebens bleibt oder nicht. Bei Freunden und Bekannten können Sie – unabhängig von den familiären Banden, die Ihnen solche Entscheidungen erschweren – vollkommen frei danach entscheiden, wie positiv sich diese Beziehung auf Ihr Leben auswirkt. Wenn sich die Beziehung überwiegend negativ auf Ihr Leben auswirkt und die andere Person nicht bereit ist, mit Ihnen gemeinsam etwas zu verbessern, gibt es keine logische Begründung dafür, länger an dieser Beziehung festzuhalten.

Das Einzige, was Ihnen hier zum entscheidungsbehindernden Problem werden kann, ist der Schuldfaktor. Es gibt immer wieder Menschen in unserem Leben, mit denen wir früher eine bessere Beziehung hatten oder die irgendwann einmal etwas Wichtiges für uns getan haben. Rufen Sie sich in einem solchen Fall ins Bewusstsein, dass Menschen sich ändern können, dabei aber jeder sein eigenes Tempo hat. Manche treten ihr Leben lang auf der Stelle und entwickeln sich nie weiter. Auch die Wünsche, Bedürfnisse, Interessen und Ziele, die ein Mensch in seinem Leben hat, können sich mit der Zeit ändern. Vielleicht gab es einmal eine Zeit, in der es viele Gemeinsamkeiten mit dieser anderen Person gab und die Beziehung deshalb harmonischer verlief. Jedoch ist seitdem Zeit vergangen, beide Beteiligten haben sich weiterentwickelt und verändert und manchmal muss man sich einfach eingestehen, dass es nicht mehr passt und dass die Beziehung keinem von beiden mehr auf positive Art dient.

Außerdem ist die Tatsache, dass jemand irgendwann in der Vergangenheit etwas Wichtiges für Sie getan hat, kein Grund, dass Sie auf ewig in der Schuld dieses Menschen stehen. Sicher haben Sie auch viel für denjenigen getan oder zumindest Ihr Bestes gegeben. Davon abgesehen tun sich Menschen in einer gestörten, disharmonischen Beziehung gegenseitig nicht gut. Das bedeutet: Selbst, wenn Sie das Gefühl haben, in der Schuld der anderen Person zu stehen, haben Sie keine Chance auf Ausgleich oder Wiedergutmachung Ihrer empfundenen Schuld, solange die Basis der Beziehung nicht harmonisch und geklärt ist.

Wichtig ist nur eines: Geben Sie jeder Person in Ihrem Leben eine faire Chance, die Situation gemeinsam zum Besseren zu verändern. Doch wenn jemand diese Chance nicht ergreift, müssen Sie auch verstehen, dass Sie diesem Menschen offensichtlich nicht wichtig genug sind, um an sich oder an der Beziehung zu arbeiten. Deshalb gilt Folgendes im Umkehrschluss: Warum sollte diese Person Ihnen dann weiterhin noch derart wichtig sein, dass Sie für sie hohe Belastungen in Kauf nehmen?

Vorgesetzte und Kollegen

Diese Menschengruppe nimmt in diesem Zusammenhang zugegeben noch einmal einen ganz eigenen Bereich ein, denn hier sind Sie in Ihren Möglichkeiten stark eingeschränkt. Einen Kollegen oder Vorgesetzten, der nicht bereit ist, auf Sie zuzugehen, können Sie nicht einfach aus Ihrem Leben verbannen. Grundsätzlich können Sie bei Problemen mit diesen Menschen genauso vorgehen, wie im Falle von Familienmitgliedern oder Freunden und Bekannten. Wenn dies aber nicht funktioniert, bleibt Ihnen nur eines: Ändern Sie Ihre Einstellung und Grundhaltung gegenüber diesen Personen. Wie Sie mit solchen Situationen umgehen bzw. wie Sie etwas an Ihrer Einstellung und dem Umgang mit Problemen, die sich – vorerst – nicht beheben lassen, verändern können, erfahren Sie im Kapitel *Werkzeuge, die Sie für Ihre Lebensveränderung benötigen.*

NOTWENDIGES ÜBEL ODER ERFÜLLENDE BERUFUNG – DER FAKTOR ARBEIT

Dieses Kapitel richtet sich nicht nur an Menschen, die einen Voll- oder Teilzeitjob ausüben, sondern im Grunde lässt sich alles, was ich hier erkläre, auch auf die Schule und das Studium anwenden. Einige von Ihnen müssen vielleicht sogar beides auf einmal meistern – Studium oder Weiterbildung und Arbeit –, wodurch es umso wichtiger wird, diesen Lebensbereich einmal genauer unter die Lupe zu nehmen und auf Belastungen und Probleme hin zu untersuchen. Den zwischenmenschlichen Faktor dieses Bereichs haben wir ja bereits besprochen, doch gibt es zahlreiche Möglichkeiten, die abgesehen davon zu Unzufriedenheit oder Belastungen führen können. Ich gehe sogar soweit, zu behaupten, dass sich hier – neben den zwischenmenschlichen Ursachen – die meisten Ursachen für Ihre Konzentrationsschwierigkeiten finden lassen, was sich ganz simpel mit dem zunehmenden Druck unserer Leistungsgesellschaft erklären lässt. Auf die Fragen, die Sie sich hier stellen sollten, gehen wir im Folgenden näher ein, doch vorher bleibt noch eines zu sagen:

Nehmen Sie sich wieder etwas mehr Zeit, um diese Fragen zu beantworten, und was besonders wichtig ist: Nehmen Sie dabei Abstand von dem, was Sie glauben, erfüllen zu müssen, was Sie für „normal" halten und was Sie für möglich halten. Antworten Sie ausschließlich nach Ihrem eigenen Gefühl – unbeeinflusst von den Normen der Gesellschaft oder den Ansichten anderer Menschen – und seien Sie wirklich ehrlich zu sich selbst.

Wie weit sind Sie bereit, Ihre eigenen Bedürfnisse zurückzustellen, um den Anforderungen in Beruf, Schule oder Studium gerecht zu werden?

Zugegeben, heutzutage sind Sie mehr denn je gefordert, im Arbeitsleben für sich selbst einzustehen. Die Situation auf dem Arbeitsmarkt hat dafür gesorgt, dass die meisten Arbeitgeber ihren Angestellten gegenüber eine Mentalität entwickelt haben, die sich mit der eines Bauern gegenüber seinem Vieh vergleichen lässt: Man holt ohne Rücksicht auf Verluste so viel wie möglich heraus und wenn der Angestellte nicht mehr „funktioniert" oder nicht mitspielen will, holt man sich eben den nächsten Kandidaten von der Straße. Die Schlangen bei der Agentur für Arbeit sind immerhin lang genug und es gibt – leider – genug Menschen, die bereit sind, sich auf diese Art behandeln zu lassen.

Das führt dazu, dass die meisten Angestellten – und davon ist die Managementebene auch nicht ausgeschlossen – lieber alles mit sich machen lassen und sich selbst zugrunde richten und verbiegen, aus Angst ihre Arbeit sonst zu verlieren. Der Frust, der sich dabei aufbaut, wird wiederum an Kollegen und Untergebene weitergegeben, was die Situation zusätzlich verschlechtert.

Doch sind Sie dieser Situation wirklich so ausgeliefert, wie es sich für Sie anfühlt? Fragen Sie sich wirklich, weshalb es Ihnen in einem solch ungesunden Umfeld schwerfällt, sich auf Ihre Arbeit zu konzentrieren? Versuchen Sie einmal, die Situation aus einer anderen Perspektive zu betrachten. Ihr Arbeitgeber ist darauf angewiesen, dass die Arbeitsabläufe in seinem Unternehmen so reibungslos wie möglich funktionieren. Das macht ihn in gewisser Weise auch abhängig von der Zufriedenheit seiner Angestellten. Es gibt inzwischen einige wenige große Unternehmen – Google ist hier ein hervorragendes Beispiel, falls Sie sich einmal ansehen möchten, wie das im Detail aussieht –, die das erkannt und sich zu Herzen genommen haben und so gut wie möglich für Ihre Angestellten sorgen, doch wer hat schon das Glück, in einem dieser Unternehmen zu arbeiten?

Dennoch können solche Großkonzerne hier ein Vorbild sein, von dem sich die meisten Arbeitgeber eine Scheibe abschneiden könnten. Hier sind Sie gefordert, wobei Sie natürlich von einem kleineren Betrieb nicht die gleichen Vergünstigungen wie von einem Großkonzern erwarten können. Doch es gibt immer etwas an den Arbeitsbedingungen zu verbessern. Das lässt sich jedoch nur mit guter Organisation und Argumentation erfolgreich umsetzen. Setzen Sie sich zunächst mit Kollegen zusammen und halten Sie gemeinsam fest, was verbessert werden muss und wie das im Einzelnen aussehen könnte. Dann überlegen Sie sich Argumente dafür, wie sich diese

Verbesserungen positiv auf die Produktivität des Unternehmens auswirken würden. Im letzten Schritt setzen Sie sich mit den verantwortlichen Vorgesetzten zusammen. Wenn Sie einen Betriebsrat haben, beziehen Sie diesen mit ein, immerhin ist dies die Aufgabe eines Betriebsrates.

Werden Sie aktiv und bemühen Sie sich selbst um die notwendigen Veränderungen, denn so entkommen Sie dem Gefühl, der Situation ohnmächtig ausgeliefert zu sein, und beseitigen allein dadurch schon einen großen Stressfaktor. Lernen Sie, Grenzen zu setzen, auch Ihrem Chef gegenüber. Ich kenne zahlreiche Menschen, die dies sehr erfolgreich tun, weil sie erkannt haben, wie abhängig der Arbeitgeber vom Angestellten ist, nämlich weit mehr als umgekehrt. Sollten all Ihre Bemühungen jedoch nicht oder nicht ausreichend von Erfolg gekrönt sein, sind Sie auch hier gefordert, eine Entscheidung zu treffen.

So schlecht die Lage auf dem Arbeitsmarkt auch sein mag, Sie haben trotzdem die Möglichkeit, sich nach einem anderen, besseren Job umzusehen. Niemand zwingt Sie, einfach auf gut Glück zu kündigen, dies sollten Sie nur im Extremfall tun. Sie haben alle Zeit der Welt, sich nach einer anderen Arbeit umzusehen und, wenn Sie fündig geworden sind, fristgerecht zu kündigen. Auf diese Art gehen Sie keinerlei Risiko ein und zeigen gleichzeitig Ihrem Arbeitgeber klar die Grenzen auf. Je mehr Menschen dies tun, umso mehr sind die Arbeitgeber gezwungen, ihre Einstellung zu überdenken. Es gibt durchaus einen Trend in diese Richtung, besonders in den Bereichen, in denen Fachkräftemangel herrscht.

Ein letzter wichtiger Punkt, den ich hier ansprechen möchte, ist das Thema Krankheit. In der heutigen Zeit wird es immer weniger geduldet, wenn ein Arbeitnehmer sich krankschreiben lässt. Gleichzeitig wird es nicht gern gesehen, wenn man krank zur Arbeit kommt und andere Kollegen ansteckt. Auch hier stecken die meisten Arbeitnehmer in einer unlösbaren Zwickmühle – wie man es macht, ist es verkehrt. Hier kann es hilfreich sein, am Arbeitsplatz überhaupt erst einmal ein Bewusstsein für das Thema und den Umgang damit zu wecken. Wenn Sie einen Betriebsrat haben, planen Sie einen Vortrag für die nächste Mitarbeiterversammlung. Es gibt zahlreiche Statistiken darüber, wie verheerend sich kranke Mitarbeiter, die trotzdem zur Arbeit kommen, auf die Gesamtproduktivität eines Unternehmens auswirken. Die meisten Vorgesetzten und selbst Angestellte stecken einfach nur selbst so im Hamsterrad fest, dass sie sich niemals Gedanken darüber gemacht haben. Allein diesen Punkt ins Bewusstsein zu bringen, kann schon viel verändern. Außerdem könnte man diese Gelegenheit auch dazu nutzen, sich die Häufung an kranken Mitarbeitern einmal genauer anzusehen und gegebenenfalls Bezüge zu den Arbeitsbedingungen herzustellen.

Halten wir abschließend fest: Warten Sie nicht auf Veränderungen, denn diese werden von allein nicht kommen. Ändern Sie selbst etwas und nutzen Sie gleichzeitig die Chance, etwas über Selbstermächtigung zu lernen und darüber, wie positiv sich dieses Gefühl auf Ihren Stresslevel auswirkt!

Sind die Anforderungen, die an Sie gestellt werden, wirklich gerechtfertigt und wenn ja, welche Möglichkeiten gibt es, diesen besser gerecht zu werden?

Möglicherweise haben Sie einen Arbeitsplatz, an dem es relativ gerecht zugeht und der Arbeitgeber nichts Unmögliches von seinen Angestellten verlangt. Dies können Sie aber nur selbst beurteilen. Wenn die Anforderungen, die an Sie und Ihre Kollegen gestellt werden, menschlich nicht mehr vertretbar sind, sollten Sie so vorgehen, wie im Vorfeld bereits ausführlich geschildert. Ist dies aber nicht der Fall und Sie fühlen sich trotzdem überlastet, haben Schwierigkeiten, alle Aufgaben zufriedenstellend zu erfüllen oder weisen eine hohe Fehlerquote in Ihrer Arbeit auf, müssen Sie Ihre Aufgaben besser strukturieren oder analysieren, welche Störfaktoren sonst für das Problem verantwortlich sind. Die wichtigsten Fragen hierbei sind: Liegt es an mangelnder Qualifikation Ihrerseits oder an den Arbeitsbedingungen?

Auch damit stehen Sie nicht allein da, vergessen Sie bitte nicht, dass sowohl Ihre Kollegen als auch Ihre Vorgesetzten davon profitieren, wenn sich die Qualität Ihrer Arbeit verbessert. Sollten Sie sich allein also nicht in der Lage sehen, dem Problem auf den Grund zu gehen oder Ihre Arbeit besser zu strukturieren, scheuen Sie sich nicht davor, um Hilfe zu bitten. Je nach Art des Problems kann es oft schon ausreichen, Ihre Kollegen um Rat zu fragen. In schwierigeren Fällen, wenn das Problem bei den Arbeitsbedingungen liegt, sollten Sie sich an Ihren Vorgesetzten oder an den Betriebsrat wenden.

Sind Sie zufrieden mit Ihrer Tätigkeit im Allgemeinen bzw. ist es das, was Sie wirklich tun wollen? Sehen Sie einen Sinn in Ihrer Arbeit? Mit anderen Worten, leben Sie, um zu arbeiten, oder arbeiten Sie, um zu leben? Sind Sie über- oder unterfordert? Fühlen Sie sich in Ihrer Tätigkeit wertgeschätzt?

Hiermit kommen wir zum bedeutendsten Faktor im Bereich Arbeit. Wenn Sie nur leben, um zu arbeiten, und dadurch mit anderen Worten das Gefühl haben, in Ihrem Leben gibt es keinen Platz für etwas anderes oder einen Ausgleich, besteht hier dringender Handlungsbedarf! Das Gleiche gilt, wenn Sie eine Tätigkeit ausüben, die Sie selbst als sinnlos empfinden, oder wenn Sie mit Ihrer Arbeit mental unterfordert sind, was oftmals gleichzeitig auftritt. Wie bereits erwähnt, ist Unterforderung – besonders mentale – ebenfalls ein stressauslösender Faktor. Das liegt an der Funktionsweise unseres Gehirns, die Sie sich im Grunde wie die eines Computers vorstellen können.

Jedes Betriebssystem hat einen sogenannten Leerlaufprozess, ohne den das System nicht funktionieren würde. Das liegt daran, dass der Prozessor – der in unserem Fall für das Gehirn steht – immer voll ausgelastet sein muss. Wenn der Computer aber nicht die volle Kapazität des Prozessors nutzt, wird dies durch den Leerlaufprozess – er lässt den Prozessor simple Rechenaufgaben durchführen – ausgeglichen, damit es nicht zu einem Systemabsturz kommt. Auch unser Gehirn hat einen solchen Leerlaufprozess, wird dieser jedoch nicht gezielt trainiert, wirkt er sich eher zerstörerisch aus, nämlich in Form von sinnlosem Gedankenkreisen. Unser Gehirn sucht sich dann regelrecht Probleme, die es lösen kann, und macht dabei gerne auch einmal aus einer Mücke einen Elefanten, sollte dies nötig sein. Es ist also enorm wichtig, Ihr Gehirn ausreichend zu beschäftigen, damit Ihre Gedanken Sie nicht auffressen und erneut zur Produktion von Stresshormonen beitragen.

Wenn Sie also in Ihrer Tätigkeit unterfordert sind oder diese als sinnlos und leer empfinden, ist es Zeit für Veränderungen. Zunächst einmal ist es natürlich wichtig, sich klar zu machen, warum Sie unterfordert sind. Fehlt Ihnen vielleicht die nötige Qualifikation für einen besseren Job? In Deutschland ist es ja leider so, dass Sie immer ein Zertifikat, Zeugnis oder Ähnliches benötigen, um bestimmte Tätigkeiten durchführen zu können, egal, ob Sie diese bereits beherrschen oder nicht. Wenn das Problem also hier liegt, sollten Sie darüber nachdenken, eine Weiterbildung zu machen, beruflich umzusatteln oder vielleicht sogar Ihr eigenes Geschäft zu gründen.

Es besteht aber genauso die Möglichkeit, Ihre Vorgesetzten davon zu überzeugen, dass Sie mehr draufhaben, als man Ihnen bisher zugetraut hat. Bitten Sie also um eine Chance, sich zu beweisen, bevor Sie andere Schritte einleiten. Suchen Sie immer zuerst das Gespräch mit den Verantwortlichen, bevor Sie handeln, denn so vermeiden Sie es, Energie in Pläne zu stecken, die vielleicht gar nicht notwendig sind. Dass Sie lernen müssen, mit Ihrer Energie konstruktiver zu haushalten, ist, denke ich, inzwischen deutlich geworden.

Sollte Ihr Problem aber das Gegenteil sein, nämlich Überforderung, müssen Sie auch in diesem Fall zunächst die Gründe dafür evaluieren. Sind Sie wirklich nicht ausreichend qualifiziert für Ihre Tätigkeit oder liegt es eher an den Arbeitsumständen? In beiden Fällen gibt es Möglichkeiten zur Lösung des Problems. Entweder arbeiten Sie an Ihrer Qualifikation oder Sie gehen vor, wie bereits erläutert. Arbeiten Sie aktiv an einer Verbesserung der Arbeitsumstände, setzen Sie Grenzen und, wenn alles nichts hilft, beginnen Sie, sich nach einer besser geeigneten Stelle umzusehen.

PROKRASTINATION – WARUM EIGENTLICH?

Mit Prokrastination sind Tätigkeiten gemeint, die Sie nur ausführen, um etwas anderes, das eigentlich dringender getan werden müsste, (noch) nicht tun zu müssen. Es handelt sich also um aufschiebende Tätigkeiten. Die meisten Menschen betreiben dies mehr oder weniger stark ausgeprägt, ohne dabei genau hinzuschauen, was sie da eigentlich tun. Wenn sie dies nämlich täten, würden sie sehr schnell feststellen, wie ineffektiv dieses Verhalten ist und wie destruktiv es sich auf die ihnen zur Verfügung stehende Zeit auswirkt.

Spätestens jetzt sollte klar sein, warum Prokrastination ein Punkt auf Ihrer Liste ist. Ich möchte, dass Sie sich ernsthaft Gedanken darüber machen, wie häufig und in welchen Fällen Sie prokrastinieren, was Sie dabei genau tun, ob Ihnen diese Tätigkeit wirklich guttut – also Ihnen Energie gibt – und vor allem, welche andere wichtigere Tätigkeit, die Sie eigentlich tun müssten, Sie damit aufschieben. Es ist weit häufiger der Fall, als Sie vielleicht denken, dass die Tätigkeiten, die man beim Prokrastinieren ausführt, Ihnen eher Energie rauben, als dass sie tatsächlich hilfreich für Sie sind. Hinzu kommt der Zeitfaktor, denn vor allem, wenn Sie feststellen, dass diese Tätigkeiten Sie eher zerstreuen oder versteckte Energieräuber sind, verschwenden Sie hier in starkem Ausmaß Ihre Zeit.

Ein weiterer wichtiger Faktor ist, dass Sie dadurch wieder den Stressmodus fördern, denn während Sie prokrastinieren, befindet sich in Ihrem Gehirn die ganze Zeit der Gedanke an die aufgeschobene Tätigkeit. Sie beginnen, sich Sorgen darüber zu machen, ob Sie diese Tätigkeit noch schaffen, was dazu führt, dass Sie sich nicht wirklich besser fühlen. Wenn Sie ein Mensch sind, der viel prokrastiniert, dann tendieren Sie vermutlich auch dazu, das dadurch entstehende ungute Gefühl zu unterdrücken. Mit anderen Worten: Sie vergrößern Ihren Stressfaktor hier in erheblichem Maß, obwohl Sie sich ja eigentlich etwas Gutes tun wollen!

Dies soll nun nicht bedeuten, dass Sie nichts mehr tun dürfen, was Ihnen Spaß macht, um sich zwischendurch ein wenig Ablenkung zu verschaffen oder den Kopf freizubekommen, ganz im Gegenteil. Es geht mir darum, dass Sie lernen, Ihre Zeit so einzuteilen, dass Sie genügend Freiräume für positive Beschäftigungen oder auch zum Ausruhen haben, damit Stress gar nicht erst entsteht oder der Stresslevel zumindest auf einem zu bewältigenden Niveau bleibt. Auf diese Weise wird es auch einfacher für

Sie, anstehende Tätigkeiten, die Sie im Normalfall lieber so weit wie möglich aufschieben, dann erledigen zu können, wenn sie anfallen. Sie haben dann nämlich durch Ihren optimierten Alltag und durch die neu erlernten Denk- und Verhaltensmuster den Freiraum dafür und Sie verspüren folglich kein Gefühl der Überforderung gegenüber dieser Aufgabe mehr. Abschließend können Sie sich auch noch Gedanken darüber machen, ob es möglich und nicht vielleicht sogar sinnvoll wäre, die entsprechenden Aufgaben oder Tätigkeiten, vor denen Sie sich drücken, an jemand anderen abzugeben.

DIE KONSTRUKTIVE NEUSTRUKTURIERUNG IHRES ALLTAGS

Wenn Sie nach der Lektüre dieses Buches so weit sind, dass Sie im zwischenmenschlichen und beruflichen Umfeld die notwendigen Veränderungen zumindest in Gang gebracht haben, ist es an der Zeit, Ihren Alltag genauer unter die Lupe zu nehmen. Sie müssen ihn sinnvoller, konstruktiver und positiver gestalten, damit künftig Ihr Stresslevel gesenkt wird und Sie so den Kopf freibekommen, um sich auf die wirklich wichtigen Aufgaben besser konzentrieren zu können. Dabei legen wir unser Hauptaugenmerk auf die Beseitigung oder Verringerung belastender Faktoren, auf allgemeine Effizienz und auf das Schaffen von neuen Freiräumen.

Der Wochenplan

Beginnen sollten Sie mit der Strukturierung Ihres Alltags, und zwar auf eine Art, die Ihnen zu Beginn vielleicht überflüssig und lästig erscheinen mag, Ihnen aber eine große Hilfe sein kann. Hierfür sollten Sie einen Plan erstellen, den man mit einem Stundenplan für die Schule vergleichen kann. Einen Terminplaner halte ich in diesem Fall nur für bedingt geeignet, da Sie sicher nicht Ihre Zeit damit verbringen wollen, für ein ganzes Jahr jede Woche das Gleiche einzutragen. Es geht um einen grundlegenden Plan für die Woche und das Wochenende, Termine ändern sich entweder regelmäßig oder entstehen spontan.

Deshalb ist es besser, einen separaten Terminplan zu führen und – abgesehen von wöchentlich auftretenden Terminen – den Plan auf Ihre alltäglichen Aufgaben und die Zeiteinteilung zu beschränken. Wenn dieser Plan fertig ist, sollten Sie ihn entweder irgendwo zu Hause aufhängen, wo Sie ihn gut im Blick haben, oder zumindest auf Ihrem Computer, Notebook, Tablet oder Handy so gespeichert haben, dass er jederzeit schnell abrufbar ist. Die erste Variante halte ich für am besten, da Sie auf diese Art einen konstanten Reminder haben. An dieser Stelle werden die von Ihnen erstellten Listen von großem Nutzen sein, denn Sie geben Ihnen einerseits einen guten Überblick darüber, wie eine Woche bei Ihnen bisher strukturiert war, und sie erinnern Sie andererseits daran, dass Sie inzwischen begonnen haben, an den größten Belastungen zu arbeiten, um sie entweder zu entschärfen oder sogar ganz zu streichen.

Der Wochenplan sollte eine Spalte für jeden Tag von Montag bis Sonntag sowie mehrere Zeilen für die einzelnen Stunden beinhalten. Das könnte in etwa so aussehen:

	Montag	Dienstag	Mittwoch	Donnerstag	Freitag	Samstag	Sonntag
06:00							
07:00							
08:00							

Die Zeiten sollten Sie natürlich an Ihren Tagesablauf anpassen. Beginnen Sie mit der Zeit, zu der Sie aufstehen, und enden Sie mit der Schlafenszeit. Nun können Sie als ersten Schritt feste Zeiten in den Plan eintragen: Ihre Arbeit sowie regelmäßige Termine.

Um anschließend einen wirklich guten und vor allem hilfreichen Plan erstellen zu können, sollten Sie sich zunächst Gedanken über Effizienz machen. Welche Aufgaben, die Sie bisher irgendwie zwischendurch „reingequetscht“ oder über den Tag verteilt ausgeführt haben, lassen sich vielleicht zusammenfassen, und zwar auf eine Art, die Ihnen die Möglichkeit gibt, Zeit zu sparen? Wo könnten Sie durch rechtzeitige Vorbereitung Zeit einsparen? Ich gebe Ihnen an dieser Stelle einige Beispiele, um zu verdeutlichen, was ich meine:

Beispiel 1 – Haushaltsführung

Wenn Sie es bisher so gehandhabt haben, die im Haushalt anfallenden Arbeiten entweder irgendwann zwischendurch zu erledigen oder erst dann, wenn der Berg an Arbeit zu sehr gewachsen ist, dann könnten Sie in Zukunft lieber folgendermaßen an die Sache herangehen:

Planen Sie feste Zeiten ein. Diese sollten einerseits nicht zu lang sein, damit dies keine Frustzeiten werden. Andererseits sollten so viele Aufgaben wie möglich zusammengefasst werden, die zueinander passen. Zum Beispiel können Sie in einer halben Stunde abwaschen, die Küche putzen und aufräumen, den Müll herausbringen und alles tun, was in diesem Raum anfällt. Finden Sie dabei eine Routine, die möglichst Zeit spart. Wenn Sie ganz effizient vorgehen wollen, können Sie diese Zeit etwas verlängern, um gleich noch das Essen für den nächsten Tag vorzubereiten. Eine weitere halbe Stunde können Sie einplanen zum Staubsaugen und Wischen. Bevor Sie damit anfangen, können Sie gleich noch eine Ladung Wäsche in die Maschine stopfen und, wenn die Zeit reicht, vielleicht auch noch das Bad putzen oder Staub wischen. Machen Sie nicht alles auf einmal, sondern planen Sie zwei bis drei halbe Stunden am Tag pro Woche für die Haushaltsführung ein. Wenn es möglich ist, legen Sie diese Zeiten in die Woche, damit Ihnen am Wochenende mehr Freizeit bleibt, die Sie auf angenehme und erholsame Art verbringen können.

Beispiel 2 – Einkauf

Genauso sollten Sie eine angemessene Zeit und einen bestimmten Tag für Ihren Wocheneinkauf festlegen. Planen Sie den Einkauf im Voraus, führen Sie eine Liste über die Dinge, die ausgegangen sind und dringend nachgekauft werden müssen, und erstellen Sie außerdem immer eine Woche im Voraus einen Plan, was an jedem Tag der Woche gegessen werden soll. Auf diese Art können Sie mit einer fertigen Einkaufsliste starten, sich dabei eine effiziente Route zurechtlegen, innerhalb derer Sie die notwendigen

Geschäfte anfahren, und Sie sparen wieder einiges an Zeit im Gegensatz zu einem ungeplanten Einkauf. Achten Sie unbedingt auch darauf, Ihren Einkauf auf einen wöchentlichen Termin zu legen, nachdem Sie bereits gegessen haben, sodass Sie nicht hungrig einkaufen müssen. Das führt sonst nur zu Stress und unnötigen Spontankäufen.

Beispiel 3 – Tätigkeiten rund um die Familie

Hier geht es um Dinge wie Kinderbetreuung, Hilfe bei den Hausaufgaben, die Kids von A nach B bringen, Erledigungen für Ihren Partner etc. Überlegen Sie, welche dieser Tätigkeiten Sie möglicherweise mit anderen zusammenlegen können. Vielleicht können Sie Ihren Einkauf so legen, dass Sie ihn mit Fahrdiensten für ein Familienmitglied vereinbaren, oder Sie können die Schulbrote für Ihre Kinder bereits am Vorabend zubereiten, während Sie die Küche putzen und Essen für den nächsten Tag vorbereiten.

Lernen Sie, zu delegieren

Wenn Sie nicht allein leben, bietet sich hier eine hervorragende Möglichkeit, die Kinder zu mehr Verantwortung zu erziehen oder das anzuwenden, was Sie im Vorfeld vielleicht schon mit den Menschen Ihres häuslichen Umfeldes geklärt haben. Beziehen Sie andere Personen mit ein. Weisen Sie den Kindern und Ihrem Partner einen Teil der Haushaltsführung oder anderer anstehender Aufgaben zu. Verteilen Sie die Aufgaben auf eine gerechte Art und Weise. Indem Sie das tun, entlasten Sie sich selbst und das kommt auch den anderen Personen in Ihrem Haushalt zugute, da Sie ausgeglichener werden und mehr Freiräume haben, sich um die Bedürfnisse dieser Personen zu kümmern. Davon abgesehen profitieren alle Mitglieder eines Haushalts davon, wenn jeder Beteiligte möglichst ausgeglichen und zufrieden ist, da sich dies natürlich positiv auf die Grundstimmung auswirkt.

Planen Sie freie Zeiten ein

Bestimmte Plätze auf Ihrem Plan sollten Sie fest reservieren für Dinge, die wir im nächsten Kapitel noch ausführlich besprechen werden. Dazu gehören mindestens zehn bis maximal dreißig Minuten nach dem Aufstehen sowie der gleiche Zeitraum vor dem Schlafengehen für jeden Tag der Woche, auch am Wochenende, außerdem eine halbe Stunde pro Tag oder mindestens dreimal die Woche, egal, ob unter der Woche oder am Wochenende. Achten Sie aber darauf, dass Sie hierfür Zeiten wählen, an denen es draußen noch hell ist, was besonders im Winter gilt. Diese Zeiten werden Sie nutzen, um Energie zu tanken und gleichzeitig etwas für Ihre allgemeine Gesundheit und Ausgeglichenheit zu tun. Außerdem sollten Sie darauf achten, dass es unter der Woche tagsüber noch einige freie Zeiträume gibt, wenigstens ein bis zwei Stunden pro Woche am Stück, die Sie für notwendige Arztbesuche oder andere Termine nutzen können.

Zum Schluss tragen Sie alles ein, was sich noch auf Ihrer Liste Nr. 2 befindet, nachdem Sie an den belastenden Faktoren gearbeitet haben, ausschließlich der Prokrastination versteht sich. Was danach noch frei bleibt, ist Freizeit. Wie weit Sie diese planen möchten, bleibt natürlich Ihnen überlassen. Ich empfehle jedoch, dass Sie sich auch hier Gedanken darüber machen, wie Sie Ihre Freizeit mit Dingen ausfüllen können, die Ihnen guttun und Energie geben. Natürlich sollte Ihnen klar sein, dass dieser Plan Ihnen übervoll erscheinen mag und dass Ihre freie Zeit zu kurz kommt, solange Sie ganz am Anfang stehen. Bedenken Sie aber, dass Sie hier immer noch in einem Prozess des stetigen Wandels stecken. Die belastenden Faktoren werden von Ihnen nach und nach abgebaut und können im gleichen Zuge aus dem Plan gestrichen werden, sodass neue Freiräume entstehen. Es empfiehlt sich also auch hier, den Plan zu gegebener Zeit regelmäßig zu aktualisieren. Werfen Sie die alten Pläne jedoch nicht weg, denn mit jeder Verbesserung haben Sie wieder einen Vergleich, der einen mehr oder weniger großen Motivationseffekt bieten kann, am Ball zu bleiben bei der Veränderung Ihres Lebens.

Auch wenn Ihnen der Gedanke, einen Plan zu erstellen, nach dem Sie Ihr Leben und das Ihrer Familienmitglieder ausrichten, lästig und unnötig erscheinen mag, es ist eine psychologisch erwiesene Tatsache, dass eine feste Grundstruktur sich sehr positiv auf die Psyche auswirkt. Sie können diese Struktur mit einer Art Gerüst oder Krücke vergleichen, sie ist eine Stütze. Durch den Plan verhindern Sie, dass die Dinge aus dem Ruder laufen, denn viele Stressfaktoren entstehen erst durch schlechte oder nicht vorhandene Planung. Davon abgesehen ist der Mensch ein Gewohnheitstier. Feste Gewohnheiten – und dazu gehört eine feste Alltagsstruktur – helfen Ihnen dabei, sich sicherer und wohler zu fühlen. Sie geben Halt im Alltag, egal, welche Stressfaktoren plötzlich aus dem Nichts auftauchen mögen.

IHRE GESUNDHEIT

Ihre Konzentrationsfähigkeit steht und fällt vor allem mit Ihrem gesundheitlichen Zustand und es gibt einen Grund, warum ich dieses Thema als Letztes im Kapitel über die Veränderungen in Ihrem Leben behandele. Wie ja bereits erklärt, hat Ihre Lebensführung mit den alltäglichen Belastungen bereits eine große Auswirkung auf Ihr körperliches Befinden. Es macht jedoch keinen Sinn, sich für die Problembeseitigung rein auf die physische Ebene zu konzentrieren oder damit überhaupt zu beginnen, bevor Sie nicht die notwendigen Veränderungen in Ihren Lebenswandel integriert haben. Allein dadurch kann es relativ schnell schon zu einer Verbesserung Ihrer persönlichen Symptome und Beschwerden kommen, deshalb betrachten wir diese Ebene separat und ganz zum Schluss.

Nehmen Sie sich die Liste über Ihre körperlichen Probleme noch einmal vor, nachdem Sie die zuvor beschriebenen Schritte ausgeführt haben, und prüfen Sie, ob die farblichen Markierungen hier noch stimmen oder ob vielleicht schon Symptome oder Beschwerden weggefallen sind, die vorher orange markiert waren. Zur Erinnerung: Orange waren die Beschwerden markiert, die Sie hauptsächlich bei Dingen belasten, die Sie ohnehin nicht tun wollen oder die Ihnen nicht guttun. Es ist gut möglich, dass Sie bereits an diesem Punkt einige der Beschwerden aus der Liste streichen oder zumindest die farbliche Markierung – also den Grad der Belastung – verändern können. Vergessen Sie in diesem Fall nicht, eine neue Liste anzulegen, damit Sie einen motivierenden Vergleich zum Ausgangszustand haben!

Wenn die Liste auf dem aktuellen Stand ist, können Sie damit beginnen, sich die übrig gebliebenen Punkte anzusehen und zu bearbeiten. Je nach Ihrer Symptomatik können dafür einige Arztbesuche notwendig sein, aus diesem Grund sollten Sie mindestens ein bis zwei zusammenhängende freie Stunden pro Woche einplanen. Wenn Ihre körperlichen Probleme bereits diagnostiziert sind und Sie schon behandelt werden, umso besser. Achten Sie dann aber wirklich darauf, sich an die Anweisungen Ihrer Ärzte bezüglich Medikation und anderer Therapiemaßnahmen zu halten. Alles, was bisher jedoch nicht diagnostiziert wurde – besonders die belastenden Symptome –, sollten Sie nun dringend ärztlich abklären lassen. Ihnen sollte inzwischen klar sein, dass nichts wichtiger ist als Ihre Gesundheit – sie ist die Basis dafür, wie erfolgreich Sie Ihren Alltag bewältigen können. Unterschätzen Sie diesen Faktor also nicht und spielen Sie ihn vor allem nicht herunter, sondern lernen Sie, auf Ihren Körper zu hören.

Zusätzlich zur schulmedizinischen Herangehensweise gibt es natürlich immer noch alternative Behandlungs- oder Heilungsmethoden, mit denen Sie arbeiten können. Da diese stark von der jeweiligen Symptomatik abhängig sind, rate ich Ihnen, sich entsprechend selbst zu informieren, welche Möglichkeiten Sie hier jeweils haben, entweder über das Internet oder in einschlägiger Literatur. Ich möchte Ihnen jedoch an dieser Stelle einige Nahrungsergänzungsmittel, Vitamine und Mineralstoffe an die Hand geben, die sich speziell bei Konzentrationsproblemen bewährt haben.

Vitamin D3 und K2

Die wenigsten Menschen wissen wirklich, wie breit die Symptompalette bei Vitamin D3-Mangel ist, da es hauptsächlich in Zusammenhang mit Osteoporose für den Erhalt gesunder Knochen oder mit der sogenannten „Winterdepression“ angepriesen wird. Vitamin D3 kann aber auch bei Konzentrationsproblemen sowie bei weiteren Symptomen, die Konzentrationsprobleme begünstigen, helfen. Als Beispiel seien hier Depressionen,

Antriebslosigkeit, Mangel an Energie, Schlafprobleme, Nervosität und Überreiztheit genannt. Generell herrscht zum Thema Vitamin D3 ein Mangel an Aufklärung darüber, wofür unser Körper dieses Vitamin benötigt, wie viel wir davon benötigen, wie wir unseren Bedarf daran auf natürliche Art – ohne es einzunehmen – decken können bzw. inwieweit das überhaupt möglich ist. Gleiches gilt im Übrigen auch für Vitamin K2. Es gibt zwar zahlreiche Internetseiten, die über das Thema mehr oder weniger ausführlich berichten, ebenfalls diverse Bücher, doch gerade, wenn es um den benötigten Tagesbedarf geht, herrschen sehr unterschiedliche Meinungen vor und wichtige Faktoren werden oft nicht berücksichtigt.

Besonders Ärzte und Naturheilkundler haben unterschiedliche Auffassungen über die Höhe der Tagesdosis. Wem Sie dabei mehr vertrauen, ist wie immer Ihre Entscheidung, meine Empfehlungen beruhen zum einen auf der Ansicht verschiedenster Heilpraktiker und anthroposophischer Mediziner, zum anderen auf jahrelang gesammelter Eigenerfahrung und der von Freunden, Familie und Bekannten. Beginnen wir aber zunächst mit einer Erklärung, was diese beiden Vitamine eigentlich sind und wofür unser Organismus sie benötigt.

Vitamin D3 ist ein sogenanntes Prohormon, das zwar keinen direkten Einfluss auf den Organismus hat, dafür aber für bestimmte Stoffwechselfunktionen unverzichtbar ist. Ohne Prohormone – von denen D3 nur eines ist – können überlebenswichtige Stoffwechselfunktionen nicht ausgeführt werden, was zu folgenschweren Einschränkungen im hormonellen und organischen Bereich führt. Zu den für unsere Thematik relevanten Funktionen von D3 gehört vor allem die Tatsache, dass unser Immunsystem ohne diesen Stoff nicht funktionieren kann und dass dieser Stoff für kognitive Funktionen und für das Gedächtnis von großer Bedeutung ist. Folglich steuert D3 auch unsere Vitalität, unsere Belastungsfähigkeit sowie unser Wohlbefinden.

Aufnehmen können wir dieses Vitamin nur sehr eingeschränkt über die Nahrung, denn lediglich fettreiche Fischarten wie Hering und Lachs sowie Leber (D3 wird übrigens in der Leber umgewandelt), Eier, Käse und Butter enthalten geringe Mengen davon. Diese Mengen sind jedoch zu gering, um dadurch unseren tatsächlichen Bedarf an Vitamin D3 decken zu können. Hauptsächlich tun wir dies stattdessen über die Haut, indem wir sie der Sonneneinstrahlung aussetzen, wodurch unser Körper beginnt, D3 zu synthetisieren. Jedenfalls hat die Natur es einst so vorgesehen.

Um nun aber ausreichend Vitamin D3 auf diesem Wege zu produzieren, müsste ein erwachsener Mensch mindestens sechs Stunden täglich der Sonne ausgesetzt sein und dabei sowohl kurze Ärmel als auch kurze Hosen tragen. Außerdem muss der UV-Index hoch genug sein. Im Winter, wenn dieser Index meist zwischen null und eins liegt, ist nicht viel zu holen, da ein UV-Index von mindestens drei bis vier gegeben sein muss. Sie sehen also, der moderne Mensch ist eigentlich gar nicht mehr in der Lage, seinen Vitamin D3-Bedarf auf die natürlich vorgesehene Art zu decken, es sei denn, Sie leben in einem Land mit entsprechendem Klima und arbeiten hauptsächlich im Freien, was aber sicher auf die wenigsten von Ihnen zutreffen wird.

Eine weitere wichtige Funktion von Vitamin D3 ist die Steuerung der Calciumaufnahme und die Synthese bestimmter wichtiger Proteine. Abgesehen davon, dass dies der Hauptgrund ist, warum die meisten Menschen dieses Vitamin in Zusammenhang mit gesunden Knochen und Osteoporose kennen, ist dies auch der Grund dafür, warum unser Organismus zusätzlich Vitamin K2 benötigt, damit es nicht zu schädigenden Wirkungen kommt oder D3 überhaupt nicht wirken kann. Denn die richtige Verwertung von Calcium ist nur dann gewährleistet, wenn dem Organismus genügend K2 zur Verfügung steht, und die eben erwähnten Proteine werden erst durch K2 überhaupt aktiviert.

Leidet der Körper an einem Mangel an K2, wird das Calcium nicht richtig abtransportiert und verwertet. Stattdessen lagert der Körper es in den Gefäßen und Organen ab, was unter anderem auch wieder einen Einfluss auf die kognitiven Leistungen und Funktionen hat, denn das Gehirn ist bezüglich der Auswirkungen der entstehenden Calcium-Ablagerungen besonders betroffen. Vitamin K2 – in der Medizin auch als *Menachinon* bezeichnet – wird vom Körper selbst im Darm gebildet, unter der Voraussetzung einer intakten Darmflora. Einen Mangel an diesem Vitamin können Sie zwar teilweise auch über Ihre Ernährung abdecken, jedoch nicht die benötigte Menge allein, sollte Ihre Darmflora gestört oder gar nicht mehr intakt sein. Es ist auf jeden Fall empfehlenswert, die folgenden Lebensmittel, die diesen Stoff enthalten, in ausreichender Menge zu einem Bestandteil Ihres Ernährungsplans zu machen:

Grünes Blattgemüse (Spinat, Brokkoli, Kohl, Kopfsalat), Rinderleber, Sojabohnen, grüner Tee, Eidotter, Hafer, Kartoffeln, Tomaten, Spargel, Butter und Käse.

Dabei sollten Sie jedoch Ihre möglichen anderweitigen Bedürfnisse, wie zum Beispiel einen erhöhten Cholesterinspiegel oder Nahrungsmittelintoleranzen, nicht außer Acht lassen, sonst richten Sie mehr Schaden als Nutzen an.

Nachdem wir geklärt haben, wie essenziell wichtig diese beiden Vitamine – neben der Bedeutung für Ihre allgemeine Gesundheit – für Ihre Konzentrationsproblematik sind, warum Sie in jedem Fall zusammen eingenommen werden müssen und warum es sinnvoll ist, diese Vitamine zusätzlich als Nahrungsergänzungsmittel zu konsumieren, bleibt nun noch der tägliche Bedarf zu evaluieren, der stark von individuellen Faktoren abhängig ist.

Für einen normalgewichtigen Erwachsenen hat sich eine Menge von 10000 I. E. – Abkürzung für internationale Einheit – täglich bewährt, was zugegeben weit über den allgemein empfohlenen Richtwerten liegt, jedoch ein guter Erfahrungswert ist. Für stark übergewichtige Menschen und Raucher empfiehlt sich eine Menge von 20000-30000 I.E. Zum einen benötigt man bei Übergewicht logischerweise auch mehr Vitamine, um den Körper ausreichend zu versorgen. Zum anderen steigert das Rauchen den Vitaminbedarf allgemein enorm, da es den Organismus – durch die ständig notwendige Entgiftung, die zu einem erhöhten Energiebedarf führt – stark belastet und dabei Vitamine regelrecht aufgezehrt werden. Auch Menschen mit Darmerkrankungen – zum Beispiel Morbus Chron –, die die Resorption stören, oder Menschen, die Blutgerinnungshemmer einnehmen, haben einen stark erhöhten Vitamin D3-Bedarf.

Vor einer möglichen Überdosierung muss man weit weniger Angst haben, als es gern propagiert wird, denn D3 ist ein sogenanntes Depot-Vitamin. Der Körper bildet ein Depot, um im Falle der Unterversorgung Reserven dieses lebenswichtigen Stoffes zur Verfügung zu haben. Da bei den meisten Menschen aber nicht einmal dieses Depot gefüllt ist und der Körper dieses zuerst auffüllt, bevor er D3 verstoffwechselt, kann es zum einen mehrere Monate dauern, bis Sie überhaupt eine spürbare Wirkung bemerken, zum anderen ist die Gefahr einer Überdosierung hier sehr gering. Denn sobald Sie beginnen, eine positive Wirkung zu verspüren, können Sie Ihre tägliche Dosis auf die Hälfte verringern und nur in dem Fall wieder steigern, wenn Sie ein Nachlassen der positiven Effekte bemerken. Auf diese Art ist eine Überdosierung von D3 praktisch ausgeschlossen.

Vorsichtiger müssen Sie mit der Dosierung von K2 sein. Hier sollten Sie die empfohlenen Richtwerte auf keinen Fall übersteigen, da dieses Vitamin erst vor relativ kurzer Zeit entdeckt wurde und es noch nicht ausreichend Studien gibt, die sich mit den Folgen einer möglichen Überdosierung bzw. mit der Frage, ob dies überhaupt möglich ist, beschäftigen. Die Tageshöchstdosis liegt bei 200 Mikrogramm.

Da es unmöglich ist, die beiden Vitamine in Form von Kombipräparaten in der passenden Dosierung einzunehmen – solche Kombipräparate sind gar nicht erhältlich -, und weil Vitamin D3 im Drogeriehandel oder in der Apotheke sehr teuer ist, besonders in Tablettenform, empfehle ich hier folgende Alternative: Bei Amazon können Sie sowohl D3 als auch K2 in Tropfenform bestellen. Besonders im Fall von D3 sparen Sie hier bei den von mir empfohlenen hohen Dosen eine Menge Geld. Wie viel Tropfen D3 dabei einer I.E entsprechen, können Sie der jeweiligen Produktbeschreibung entnehmen. Bei K2 halten Sie sich einfach an die vorgegebene Dosierung.

Sie können die Tropfen problemlos mischen und gemeinsam einnehmen, tun Sie dies aber unbedingt am Morgen, denn D3 macht fit! Auch wenn Sie dies vielleicht erst nach einigen Monaten bemerken – je nachdem, wie es um Ihren D3-Spiegel bestellt ist –, bekämen Sie früher oder später Einschlafprobleme, wenn Sie es am Abend einnehmen würden.

Probiotika und Ihr Darm

Da wir inzwischen mehrfach gesehen haben, welch große Rolle unser Darm oder vielmehr die Darmflora bei der Entstehung von Konzentrationsproblemen spielt, liegt es natürlich nahe, auch etwas für unseren Darm zu tun. Die meisten Menschen in der westlichen Gesellschaft haben eine gestörte oder sogar vollkommen zerstörte Darmflora, ohne auch nur etwas davon zu ahnen. Oftmals kommt noch eine Besiedlung des Darms mit dem Hefepilz Candida hinzu, die sich ebenfalls fatal auswirkt.

Haben Sie jemals eine Darmsanierung mit Probiotika gemacht? Normalerweise müssten Sie dies nach jeder Antibiotikabehandlung tun, da Antibiotika die Darmflora komplett abtöten. Das Problem dabei ist nur, dass kaum ein Arzt das zu seinen Patienten sagt, wenn er welche verschreibt, und da Antibiotika heutzutage viel zu oft und meist vollkommen unnötig verschrieben werden, ist die Zahl der Menschen mit zerstörter Darmflora entsprechend hoch.

Eine ungesunde, nicht ausgewogene Ernährungsweise begünstigt noch zusätzlich die Entstehung von Problemen mit der Darmflora und reicht über einen längeren Zeitraum schon für sich allein aus, diese zu zerstören. Auch Stress wirkt sich, wie ja bereits erwähnt, sehr negativ darauf aus. Wenn Sie also Ihren Körper aktiv unterstützen und Ihre Konzentrationsschwierigkeiten langfristig beheben möchten, ist es an der Zeit, dass Sie aktiv etwas für Ihren Darm tun.

Beginnen Sie mit einer mindestens dreimonatigen Probiotika-Kur, bei der Sie Folgendes beachten sollten: Kaufen Sie keine Billigprodukte aus der Drogerie, denn diese verfügen meist nur über eine stark eingeschränkte Anzahl an den enthaltenen Bakterienkulturen und die Menge der enthaltenen Bakterien pro Kapsel lässt meist auch zu wünschen übrig. Eine gute probiotische Kur enthält in der Regel um die 16 verschiedenen Kulturen mit mindesten 2 Milliarden lebensfähigen Keimen pro Kapsel – von denen Sie zwei Stück am Tag nehmen sollten, jeweils nach der Hauptmahlzeit. All diese Angaben finden Sie auf der Verpackung, die besten Probiotika-Kuren erhalten Sie in der Apotheke oder bei Amazon.

Wenn Sie diese Kur machen, werden Sie – genau wie bei den im Vorfeld besprochenen Vitaminen – nicht sofort einen Unterschied oder eine Wirkung bemerken. Je nachdem, wie es um den Zustand Ihrer Darmflora bestellt ist, dauert es mindestens einen bis zwei Monate, doch dann werden Sie einen deutlichen Unterschied in Ihrem gesamten Allgemeinbefinden feststellen. Ihre Stimmung wird sich verbessern, Verdauungsbeschwerden gehen zurück und die Konzentrationsfähigkeit steigt spürbar. Sollten Sie jedoch auch nach zwei bis drei Monaten keine solche Wirkung feststellen können, dann ist hier noch etwas anderes im Argen und es ist mehr als wahrscheinlich, dass Sie an einer oder mehreren Nahrungsmittelintoleranzen leiden, eine Candidabesiedlung Ihres Darms oder im schlimmsten Fall auch eine Schwermetallbelastung vorliegt.

Solange Sie eine Intoleranz oder Unverträglichkeit haben und die entsprechende Nahrung weiter zu sich nehmen, zerstören Sie nicht nur aktiv Ihre Darmflora, sondern auf lange Sicht auch Ihren Darm selbst, was zum Leaky-Gut-Syndrom führen kann. Der Begriff bedeutet übersetzt so viel wie „Löchriger-Darm-Syndrom". Dabei entstehen Mikrolöcher in der Darmschleimhaut, die dazu führen, dass sowohl die Allergene, die Sie zu sich nehmen, als auch andere Stoffe, die dort nicht hingehören, in den Blutkreislauf gelangen. Dies wirkt sich dann auf das gesamte System aus und kann zu einer Vielzahl von verschiedenen Symptombildern führen, wie beispielsweise Hauterkrankungen, Entzündungsprobleme oder stark gestiegene Entzündungswerte, Kopfschmerzen und vieles mehr. Die Wirkung ist praktisch unberechenbar. Eines haben Sie mit einem Leaky-Gut-Syndrom aber ganz sicher: mehr oder weniger starke Verdauungsbeschwerden.

In einem solchen Fall können Probiotika zwar effektiv helfen, aber nur, wenn die Lebensmittelintoleranzen erkannt wurden und Sie die Allergene für mindestens ein Jahr nicht mehr konsumieren. Innerhalb dieser Zeit ist der Darm ausgeheilt und in den meisten Fällen ist auch die Intoleranz nicht mehr vorhanden. Wenn Sie bei sich den Verdacht auf eine Nahrungsmittelintoleranz haben, sprechen Sie zunächst mit Ihrem Arzt darüber. Die Hauptverdächtigen sind hier meist Gluten, Laktose (Milchzucker) und Fruktose (Fruchtzucker), aber auch Milcheiweiß ist ein beliebter Kandidat für Intoleranzen. Ein Internist oder Gastroenterologe kann einige Arten von Intoleranzen testen, wobei die Tests nicht immer zu hundert Prozent aussagekräftig sind, denn es gibt auch immer wieder Fälle von bestehenden Unverträglichkeiten mit negativem Testergebnis, besonders im Zusammenhang mit Gluten und Laktose.

Die Thematik ist breit gefächert und wenn Sie bei sich eine Nahrungsmittelunverträglichkeit vermuten, empfehle ich Ihnen dringend, sich mit einschlägiger Lektüre tiefergehend zu informieren. Sie können die drei eben genannten Hauptverdächtigen – Gluten, Laktose und Fruktose – aber auch leicht selbst testen und sich den Ärztemarathon sparen. Dafür verzichten Sie für mindestens zwei Wochen auf alles, was die genannten Stoffe enthält: Also kein Obst oder Gemüse, nicht einmal Blattsalat, keine glutenhaltigen Produkte, auch nicht mit Spuren von Gluten, und keine Milchprodukte. Sie finden im Internet zahlreiche Tabellen mit dem Fruktose- und Laktosegehalt verschiedener Lebensmittel. Was Gluten angeht, müssen Sie die Produkte, die Sie kaufen, sehr genau auf ihre Inhaltsstoffe prüfen oder sie greifen gleich zu den glutenfreien Produkten.

Wenn Sie sich zwei Wochen auf diese Art ernährt haben, können Sie beginnen, zu testen. Bis dahin hat sich der Darm so weit erholt, dass das Ergebnis nicht mehr verfälscht werden kann, denn wenn Sie jetzt einen Stoff zu sich nehmen, den Sie nicht vertragen, werden Sie deutlich eine Wirkung verspüren. Dabei kann es sich sowohl um Durchfall als auch um Verstopfung handeln, es kann zu lauten Darmgeräuschen und -krämpfen, zu Blähungen, zu Übelkeit und zu Kopfschmerzen kommen. Fruktose können Sie am leichtesten testen, indem Sie einen halben Liter reinen Apfelsaft zu sich nehmen, denn Äpfel sind wahre Fruchtzuckerbomben. Wenn ein Test zu Symptomen geführt hat, können Sie relativ sicher von einer Unverträglichkeit ausgehen. In diesem Fall sollten Sie bis zum nächsten Test mindestens eine Woche verstreichen lassen, weil der Darm sich erst erholen muss. Auch eine medizinisch qualifizierte Ernährungsberatung kann Ihnen hier weiterhelfen, Ihre Krankenkasse kann Ihnen dabei die in Ihrer Umgebung verfügbaren Ernährungsberater nennen.

Den nächsten wichtigen Punkt habe ich bereits kurz erwähnt, eine Besiedlung Ihres Darms mit dem Hefepilz Candida. Wenn Ihre Darmflora erst einmal aus dem Gleichgewicht ist, lässt dieser ungebetene Gast meist nicht lange auf sich warten, denn er kann nur von einer intakten Darmflora abgewehrt werden. Candida ernährt sich von Zucker, weshalb das Hauptsymptom für eine solche Infektion auch die Gier nach Zucker ist. Generell begünstigt aber der regelmäßige Verzehr von Zucker allein schon die Entstehung einer Candida-Infektion. Es gibt noch zwei weitere Faktoren, die Candida geradezu in Ihren Darm einladen: eine Übersäuerung des Körpers und eine erhöhte Schwermetallbelastung. Unter beidem leiden ebenfalls weit mehr Menschen, als Ihnen bewusst ist.

Die Übersäuerung entsteht vor allem durch den übermäßigen Genuss von Säften und kohlensäurehaltigen Getränken, die Schwermetallbelastung entsteht einerseits durch Röntgen-, CT- und MRT-Untersuchungen, andererseits gelangen Schwermetalle vor allem durch Amalgam-Füllungen und Kosmetika wie Zahnpasta und Mundspülungen, Deos und Cremes in unseren Körper, wobei dies nur die Hauptursachen sind. Unser Körper versucht, solche Giftstoffe im Fettgewebe einzulagern, wenn es zu viel wird, werden die Stoffe auch im Nervengewebe eingelagert – was ebenfalls zu einem erheblichen kognitiven Leistungseinbruch führt. Irgendwann ist der gesamte Organismus überschwemmt und viele der giftigen Substanzen gelangen auch in den Darm, wo sie die Darmflora zerstören. Hier kommt Candida ins Spiel, denn der Pilz hat die Eigenschaft, Schwermetalle zu binden.

Fassen wir das also einmal zusammen: Wenn Candida in einer zuckerhaltigen, übersäuerten Umgebung ankommt, in der zusätzlich noch eine Schwermetallbelastung vorliegt, dann laden die Darmbakterien den Pilz förmlich ein, weil sie ihn brauchen, um zumindest nicht noch übermäßig unter den Giftstoffen zu leiden. Doch leider revangiert sich Candida nicht dafür, sondern zerstört seinerseits weiterhin die Darmbakterien, weil er sich ungehindert ausbreitet und sie somit einfach verdrängt. Wenn es einmal so weit gekommen ist, steckt man wahrhaftig in einem Teufelskreis fest, aus dem man nur mit sehr viel Mühe und Disziplin wieder herauskommt.

Für den Anfang würde ich Ihnen deshalb raten, sehr vorsichtig zu sein. Beginnen Sie mit einer probiotischen Kur, senken Sie Ihren Zuckerkonsum und den Konsum von säurehaltigen Lebensmitteln. Auf diese Art verringern Sie zumindest die Stärke einer eventuell vorhandenen Candida-Infektion oder begünstigen nicht die Entstehung einer solchen. Sollten diese Maßnahmen tatsächlich nicht ausreichen, setzen Sie sich ausführlich mit dem Thema Entsäuerung und Schwermetallausleitung auseinander, bevor Sie Schritte in diese Richtung unternehmen. Eine Schwermetallausleitung führt zu sehr starken und belastenden Symptomen und dies kann schon bei einer Entsäuerung geschehen, wenn tatsächlich eine Schwermetallbelastung vorliegt. Allein durch eine gezielte Entsäuerung Ihres Körpers, zum Beispiel mit Natron, beginnen die Pilze in Ihrem Darm, abzusterben. Dadurch werden die von dem Pilz gebundenen Schwermetalle freigesetzt und solange Sie zusätzlich nichts einnehmen, was diese Stoffe binden und aus dem Körper ausführen kann – wie zum Beispiel die Chlorella-Alge –, können Sie sich auf diese Art akut vergiften. Das Gleiche gilt natürlich verstärkt, wenn Sie mit entsprechenden Mitteln wie Nystatin oder allein durch Zuckerentzug gezielt entpilzen. Hier ist also dringend Vorsicht angeraten!

MSM

Bei MSM – Kurzform für *Methylsulfonylmethan* – handelt es sich um organischen Schwefel, ein Stoff mit vielseitigem Wirkungsspektrum und ein weiterer Helfer gegen Ihre Konzentrationsschwierigkeiten. Für unseren Körper ist Schwefel ebenso überlebenswichtig wie D3 und K2. Hinzu kommt, dass unser Organismus diesen Stoff nicht selbst synthetisieren kann. Eine ausreichende Aufnahme durch die Nahrung ist aber inzwischen fast unmöglich geworden, denn die industrielle Verarbeitung von Lebensmitteln sowie die Überdüngung des Ackerlands führen seit Jahrzehnten dazu, dass der Gehalt an Schwefel in unseren Nahrungsmitteln immer weiter sinkt. Ein Mangel an organischem Schwefel kann unter anderem zu Kopfschmerzen, Migräne, Stimmungsschwankungen, Depressionen, Antriebslosigkeit, Müdigkeit, Konzentrationsproblemen, erhöhter

Infektanfälligkeit, Hautproblemen und zu Allergien führen. Außerdem wirkt er sich ebenfalls negativ auf die Darmgesundheit aus.

Schwefel wird vor allem eine stark entzündungshemmende und schmerzlindernde Wirkung zugeschrieben. Er ist wie D3 einer der benötigten Grundbausteine für ein intaktes Immunsystem und für die Entgiftung unseres Körpers bzw. für die Bekämpfung von freien Radikalen. Außerdem benötigen wir ihn für gesunde Muskeln, Knorpel und Knochen, weshalb er auch häufig bei Gelenkproblemen und Arthritis zum Einsatz kommt. Wie Sie sehen, hat Schwefel somit nicht nur einen direkten Einfluss auf Ihre geistige Leistungsfähigkeit, sondern auch einen indirekten, da er sich positiv auswirkt auf viele Erkrankungen, die diese beeinträchtigen.

Von einem Mangel an diesem Stoff können Sie bei sich selbst – aus den oben genannten Gründen – auf jeden Fall ausgehen, weshalb mein Rat lautet, auch MSM als Nahrungsergänzungsmittel einzunehmen, um Ihren Körper zusätzlich zu unterstützen. Dabei empfiehlt sich die Einnahme von Kapseln, da diese leichter dosierbar sind. Schwefel hat auch eine leicht entgiftende Wirkung, deshalb muss die Dosis langsam eingeschlichen bzw. aufgebaut werden, damit es nicht zu unangenehmen Symptomen kommt. Weitere Informationen zu diesem Thema – Wirkungsweise, Dosierung etc. – finden Sie im Internet oder in entsprechender Literatur, falls Sie hier tiefer einsteigen möchten. Wenn es Ihnen allein um die Dosierung geht, reicht es aus, den Angaben auf der Verpackung zu folgen und sich einfach langsam über einige Wochen an die Höchstdosis heranzutasten.

Der Vitamin B-Komplex

Hierbei handelt es sich um eine Gruppe aus acht verschiedenen Vitaminen: Thiamin, Riboflavin, Niacin, Pantothensäure, Pyridoxin, Biotin, Folsäure und Cobalamin. Ein Mangel an Vitaminen aus dieser Gruppe führt ebenfalls zu einer Beeinträchtigung Ihrer geistigen Leistungsfähigkeit, indem unter anderem Symptome wie Erschöpfungszustände, Müdigkeit und Konzentrationsschwierigkeiten auftreten.

Der Vitamin B-Komplex ist für die Funktions- und Leitfähigkeit unseres Nervensystems unentbehrlich und damit auch für eine gesunde psychische Funktion. Außerdem spielen die Vitamine dieser Gruppe eine wichtige Rolle innerhalb des Stoffwechsels und bei der Umwandlung von Kohlenhydraten, Fetten und Proteinen in Energie. Deshalb sollten Sie im Falle von Energiemangel zu einer Vitamin B-Kur greifen. Es gibt zahlreiche Produkte im Drogeriehandel oder in der Apotheke, die als hochdosierte Kuren in Form von Trinkfläschchen verkauft werden. Eine solche Kur empfiehlt sich aus eigener Erfahrung auch über einen längeren Zeitraum von ein bis zwei Monaten, statt nur über eine Woche, worauf die meisten Kuren ausgelegt sind.

Erfahrungsgemäß spüren Sie nämlich auch hier erst nach ein bis zwei Monaten eine Wirkung, einfach, weil der Körper der meisten Menschen in der westlichen Kultur so unterversorgt mit sämtlichen essenziellen Nährstoffen ist, dass zunächst die Depots aufgefüllt werden müssen, bevor überhaupt eine Wirkung eintreten kann. Das ist der Grund, warum so viele Menschen Vitaminkuren ausprobieren und dann nach ein bis zwei Wochen resignieren und zu dem Schluss kommen, dass es nichts bringt. Man muss lange genug durchhalten, damit es wirken kann. Es kann außerdem hilfreich sein, ein A-Z-Vitaminpräparat zusätzlich einzunehmen, um zumindest eine Grundversorgung Ihres Körpers mit den wichtigsten Vitaminen und Mineralstoffen zu gewährleisten.

Der Ernährungsfaktor

Abschließend möchte ich das Thema Gesundheit mit einigen Worten zum Thema Ernährung. Inzwischen wissen Sie nicht nur, dass ein gesunder Körper die Basis für Ihre intellektuelle Leistungsfähigkeit ist, sondern auch, dass die Gesundheit Ihres Darms und damit eine gesunde und ausgewogene Ernährung hier eine zentrale Rolle spielen. Inwieweit Sie Ihre Ernährungsweise anpassen und verändern wollen, ist natürlich eine individuelle Angelegenheit, bei der vor allem Zeit und Geld eine große Rolle spielen. Es gibt aber Möglichkeiten, zumindest einiges zu verbessern, ohne gleich zum Experten werden zu müssen und eine Menge Geld für biologisch angebaute Lebensmittel auszugeben. Zum einen gibt es eine Vielzahl an Nahrungsergänzungsmitteln, von denen wir die wichtigsten für unser Thema inzwischen besprochen haben. Wenn Sie dann noch einige kleinere grundlegende Veränderungen einführen, haben Sie schon viel für sich und Ihren Körper getan:

- Verzichten Sie auf übermäßigen Zuckerkonsum und wenn Sie Zucker verwenden, greifen Sie lieber zu unraffiniertem Zucker, da dieser weniger Probleme verursacht.
- Finger weg von industriell hergestelltem Salz, wie Sie es im Supermarkt bekommen. Hierbei handelt es sich um Abfallprodukte aus der Industrie, die zudem noch mit Jod und Fluor angereichert sind, was entgegen den Behauptungen auf den Verpackungen gesundheitsschädigend wirkt. Auch hierzu können Sie eine Vielzahl an Informationen im Internet finden. Greifen Sie stattdessen lieber zu Alexandersalz, dieses können Sie in Bioläden und Reformhäusern beziehen. Dieses Salz stammt aus dem Himalaja, weshalb es auch als Himalayasalz bekannt ist, und ist angereichert mit vielen wichtigen Mineralien und Spurenelementen, wobei es weder Jod noch Fluor enthält. Es wirkt sich weitaus weniger schädigend auf den Organismus aus als normales Salz, ist viel bekömmlicher und dazu noch besser und intensiver im Geschmack.
- Verzichten Sie, so gut es geht, auf Fertigprodukte. Das gilt nicht nur für Fertiggerichte, sondern auch für Fertigsoßen und fertig gewürzte Speisen, wie zum Beispiel mariniertes Fleisch. Neben vielen Stoffen, die in der Nahrung nichts zu suchen haben, wie beispielsweise Konservierungsmittel, beinhalten solche Produkte meist auch Geschmacksverstärker wie Natriumglutamat. Dieser Stoff wirkt sich neuesten Studien zufolge wie eine Droge auf das Gehirn aus und macht nicht nur abhängig, sondern verursacht auch kognitive Störungen. Auch wenn es einen Mehraufwand bedeutet, bereiten Sie Ihre Nahrung selbst zu, das muss nicht immer so aufwendig sein, wie Sie vielleicht denken. Eine Salatsoße ist schnell gemacht mit Essig, Öl, ein paar Kräutern – die Sie auch problemlos tiefgekühlt kaufen können – und Gewürzen wie Salz, Pfeffer und wonach auch immer Ihnen der Sinn steht. Sie müssen einfach nur gut würzen, dann werden Sie schnell feststellen, wie viel besser das Ergebnis nicht nur schmeckt, sondern Ihnen auch bekommt.

Das Gleiche gilt für andere Soßen oder Marinaden, die ebenfalls ohne großen Mehraufwand selbst gemacht werden können.

- Achten Sie auf eine gesunde Balance und essen Sie nicht zu einseitig. Sie müssen es nicht übertreiben und jeden Tag stundenlang kochen oder nur teure Zutaten kaufen, um dies erreichen zu können. Ein wenig mehr Achtsamkeit dem Thema gegenüber und beim Einkauf Ihrer Lebensmittel reicht im Grunde schon aus, um eine gute Basis zu schaffen. Merken Sie sich vor allem Folgendes: Wenn sich die Liste der Inhaltsstoffe anhört, wie etwas aus dem Chemiebaukasten, sollten Sie sich gut überlegen, ob Sie das wirklich essen wollen.

Wenn Sie diese Grundregeln beachten, wird Ihr Körper Ihnen das mit der Zeit danken. Die Auswirkungen werden Sie spätestens nach einigen Monaten spüren. Bedenken Sie außerdem, dass die Zeit, die Sie in eine verbesserte Ernährung stecken, wie eine Investition in Ihr gesamtes Leben ist, die sich langfristig immer stärker auszahlen wird und so neue Freiräume und vor allem mehr Energie erschaffen kann.

Werkzeuge, die Sie für Ihre Lebensveränderung benötigen

Jetzt kommen wir endlich zu den Werkzeugen, die Sie noch brauchen, um die Veränderungen in Ihrem Leben wirklich anzugehen. Ich habe diese aus Gründen der Übersicht in einem eigenen Kapitel zusammengefasst, statt jedes Werkzeug einzeln an den Punkten zu besprechen, wo Sie es einsetzen können. Auf diese Art können Sie später leichter darauf zurückgreifen und müssen nicht lange suchen, wenn Sie noch einmal etwas nachlesen möchten.

KONSTRUKTIVE KOMMUNIKATION UND AUTHENTIZITÄT

Kommunikation ist ein Thema, das bereits seit Langem zum Schulstoff der Mittelstufe gehört, doch wer erinnert sich schon an seine Schulzeit, geschweige denn an die dort vermittelten Lerninhalte? Es gibt ganze Bücher zu dem Thema, doch die meisten konzentrieren sich auf den Bereich der Rhetorik und wie man damit erfolgreich Menschen manipuliert. Darum geht es mir hier nicht, vielmehr geht es mir um etwas, das im Fachjargon auch als „gewaltfreie Kommunikation" bezeichnet wird. Wenn Sie diese beherrschen, erleichtert Ihnen das nicht nur den Umgang mit konfliktbeladenen zwischenmenschlichen Situationen, sondern Sie erreichen auch viel eher Ihre Ziele, wenn es darum geht, etwas an einer ungesunden Beziehungsstruktur zu verbessern, wozu ja immer zwei gehören. Dabei werde ich nur die Grundlagen eingehender beleuchten und Anwendungsbeispiele geben sowie Hintergründe erklären. Wer tiefer in die Materie einsteigen will, findet dazu genügend einschlägige Lektüre.

Der Begriff Kommunikation bezeichnet die Verständigung zweier oder mehrerer Individuen untereinander. Dabei wird unterschieden zwischen verbaler, nonverbaler und taktiler Kommunikation. Bei der verbalen Kommunikation handelt es sich ganz klar um die Sprache, die nonverbale oder auch optische Kommunikation bezieht sich auf die Körpersprache, die für sich allein noch einmal ein ganz eigenes Thema ist. Taktile Kommunikation ist die Verständigung über Berührungen, die für unsere Zwecke jedoch von untergeordneter Bedeutung ist.

Zusätzlich muss man hier noch klar unterscheiden zwischen dem Sender und dem Empfänger einer Botschaft sowie der Tatsache, dass die Botschaft an sich etwas Neutrales ist. Sie erlangt erst durch bestimmte Einflüsse wie Mimik und Gestik des Senders sowie durch die persönlichen Erfahrungen des Empfängers eine emotionale Gewichtung oder verschiedene Interpretationsmöglichkeiten. Daraus ergeben sich zwei wichtige Fakten:

1. Es ist unmöglich, nicht zu kommunizieren, denn selbst, wenn nicht gesprochen wird, läuft eine Kommunikation über Mimik und Gestik ab. Sogar die Kleidung, die wir tragen, wird als Teil unserer Kommunikation gewertet, da sie bestimmte Reaktionen beim Gegenüber auslöst.
2. Es ist beinahe genauso unmöglich, vollkommen frei von Missverständnissen zu kommunizieren, besonders, wenn unterschwellige Emotionen im Spiel sind. Das liegt zum einen daran, dass diese Emotionen sich über die Körpersprache des Senders ausdrücken und vom Empfänger bewusst oder unbewusst wahrgenommen und interpretiert werden, zum anderen interpretiert jeder Mensch die Botschaften in einer Kommunikation auf der Grundlage seiner bisher gemachten Erfahrungen und der Art, wie er sie bewertet hat. Dadurch wird die Botschaft im Grunde immer verfälscht. Dies gilt auch, wenn keine Konflikte zwischen den Beteiligten vorliegen, denn allein unsere Sprache ist zu komplex. Es gibt unzählige Begriffe mit verschiedenen Interpretationsmöglichkeiten, die zusätzlich auch noch mit einer persönlichen Bedeutung aufgeladen sein können.

An dieser Stelle wird klar, wie wichtig es ist, bewusst zu kommunizieren, wenn man konfliktfreie Beziehungen in seinem Leben führen oder Konflikte in Beziehungen auflösen möchte. Berücksichtigt man dabei gewisse psychologische Faktoren und schult gleichzeitig seine Empathie – also die Fähigkeit, sich in andere hineinzuversetzen –, kann man allein durch gute Kommunikation sehr erfolgreich durchs Leben kommen.

Vielleicht erinnern Sie sich ja aus Ihrer Schulzeit noch an die Begriffe „Ich-Botschaften" und „Du-Botschaften". Das Verständnis über den Unterschied zwischen den beiden bildet für Sie die Grundlage einer erfolgreichen Kommunikation mit Ihren Mitmenschen. Um diesen näher zu erläutern, greife ich hier auf ein einfach gehaltenes Beispiel zurück.

Stellen Sie sich vor, Sie leben mit einem Partner zusammen, an dem Sie einiges stört. Ich bleibe hier bei Belanglosigkeiten, da diese für unser Beispiel vollkommen ausreichend und zudem den meisten von Ihnen sicher bekannt sind. Sagen wir, es stört Sie, dass Ihr Partner die Zahnpastatube nach der Benutzung nicht zudreht, den Toilettendeckel nicht herunterklappt und sich nicht an Absprachen bezüglich der Hausarbeit hält. Wenn Sie Ihrem Partner dies nun mitteilen würden, um eine Verbesserung der Situation herbeizuführen, würden Sie wahrscheinlich Aussagen treffen wie, „Du machst nie die Zahnpastatube zu!", „Nie klappst du den Toilettendeckel runter, egal wie oft ich dir sage, dass du daran denken sollst!", „Es kotzt mich an, dass ich immer den Haushalt alleine machen muss, weil du deinen Teil trotz Absprache nicht erfüllst!".

So oder ähnlich würden sich die meisten Menschen ausdrücken, je nachdem, wie emotional belastet sie sich durch diese Situation bereits fühlen und wie oft ein solches Gespräch schon geführt wurde. Und damit kommen wir genau zum Punkt: Wenn Sie Ihre Botschaft auf diese Art formulieren, verwenden Sie eine „Du-Botschaft". Diese Form der Botschaft ist immer vorwurfsvoll und führt dazu, dass der andere sich beschuldigt fühlt und automatisch in die Abwehr geht. Er/sie bekommt das Gefühl, sich verteidigen zu müssen, und wird genau das tun. Statt eine Einigung zu finden, endet das Gespräch entweder im Streit oder einer endlosen Grundsatzdiskussion, die zu keinem Ergebnis führt und sich deswegen auch immer wiederholt, denn der Empfänger der Botschaft wird garantiert nichts an seinem Verhalten ändern. Er fühlt sich ja als schuldig hingestellt und unverstanden.

Wenn Sie also Ihre Botschaft so vermitteln wollen, dass Sie beim anderen auf eine Art ankommt, die ihn nicht in die Abwehr bringt, sondern, im Gegenteil, dazu, Sie wirklich zu verstehen, müssen Sie lernen, in „Ich-Botschaften" zu sprechen. Dabei geht es darum, dass Sie zwar ausdrücken, was

Sie am anderen stört, jedoch nicht auf eine vorwurfsvolle Art und Weise. Dies gelingt Ihnen, indem Sie ganz bei *sich selbst* bleiben und Ihre Hauptaussage darauf beschränken, was das Verhalten des anderen mit *Ihnen* macht bzw. welche Gefühle es in *Ihnen* auslöst.

Um bei den eben genannten Beispielen zu bleiben, könnten Sie also lieber Folgendes sagen: „Wenn du die Zahnpastatube immer offenlässt und den Toilettensitz nicht herunterklappst oder du dich nicht an unsere Absprachen bezüglich der Hausarbeit hältst, gibst du mir das Gefühl, ich wäre dir nicht wichtig genug, um etwas mehr Rücksicht auf meine Bedürfnisse zu nehmen. Ich fühle mich dadurch nicht ernst genommen und habe ein bisschen das Gefühl, als wäre ich für dich nur eine bessere Putzfrau.".

Wenn Sie es auf diese Art aussprechen, teilen Sie keinen Vorwurf mehr mit, sondern sprechen offen über Ihre Gefühle. Sollten Sie bisher noch nie auf diese Art kommuniziert haben, ist es gut möglich, dass Ihr Gegenüber zunächst verwirrt reagiert und nicht weiß, wie er damit umgehen soll. Auf jeden Fall haben Sie nun eine authentische Basis, auf der Sie das Gespräch aufbauen können. Ermutigen Sie Ihren Gesprächspartner ruhig, auf die gleiche Art mit Ihnen zu kommunizieren, denn auch er wird Bedürfnisse haben, die er in der Beziehung nicht erfüllt sieht, was möglicherweise sogar der Grund für sein Verhalten ist.

In zwischenmenschlichen Konflikten geht es immer um die Erfüllung oder Nichterfüllung von Bedürfnissen. Genau genommen entstehen Konflikte nur dann, wenn die Bedürfniserfüllung nicht in Balance ist. Indem wir dann noch auf die falsche Art kommunizieren, gießen wir nur Öl ins Feuer und machen eine Klärung oder Verbesserung unmöglich. Ein Problem kann nur gelöst werden, indem Bedürfnisse nicht nur offen ausgesprochen, sondern auch von beiden Seiten verstanden werden. Dazu ist es natürlich unerlässlich, dass Sie in der Lage sind, authentisch zu sein, was nicht immer einfach ist. Indem Sie zum Beispiel eingestehen, dass Sie mit etwas nicht umgehen können, machen Sie sich verletzlich. Jedoch führt im Grunde kein Weg daran vorbei und je öfter Sie authentisch Ihre Bedürfnisse äußern oder Ihre Grenzen setzen, umso mehr werden Sie feststellen, dass Ihre größte Angst, dadurch angreifbarer zu werden, so gut wie unberechtigt ist.

Kein halbwegs vernünftiger Mensch – ausgenommen sind Narzissten, Sozio- und Psychopathen oder anderweitig schwer gestörte Menschen, die Sie ohnehin nicht in Ihrem Leben haben wollen – würde eine Schwäche oder ein Bedürfnis, das Sie offen aussprechen, zu einer Waffe machen, mit der er Sie verletzen kann. Im Gegenteil, sobald Ihr Gegenüber die Chance hat, Ihr Verhalten zu verstehen, wird er automatisch auf entgegenkommende Art reagieren. Authentizität wirkt entwaffnend und nimmt die Spannung aus emotional aufgeladenen Situationen.

Es gibt natürlich auch Menschen, die für diese Art der Kommunikation nicht empfänglich sind. Diese Menschen sind einfach nicht reflektiert genug oder wollen sich nicht reflektieren, was Sie aber tun müssten, um in diese Art der Kommunikation einzusteigen. Das sind die Personen, von denen Sie keine Veränderung erwarten können, egal, wie sehr Sie es sich wünschen und wie oft Sie es versuchen. Tun Sie sich deshalb selbst einen Gefallen und streichen Sie diese Menschen aus Ihrem Leben, wenn Sie sie erkennen, jedenfalls soweit wie möglich.

In Fällen, wo das nicht möglich ist, bleibt Ihnen noch die „positive Manipulation“. Diesen Begriff habe ich selbst geprägt und deshalb so genannt, weil es sich zwar um Manipulation handelt, jedoch auf eine Art, die beiden Beteiligten zugutekommt und bei der niemand übergangen wird oder Schaden nimmt. Es ist keine egoistische Art der Manipulation, die nur der eigenen Bedürfnisbefriedigung dient. Dabei geht es darum, den Grund für das störende Verhalten zu erkennen oder vielmehr, welche unerfüllten Bedürfnisse hinter diesem Verhalten stecken. Wenn Ihnen das gelingt, können Sie ganz gezielt diese Bedürfnisse der anderen Person erfüllen und das Verhalten dieser Person Ihnen gegenüber wird sich umgehend zum Positiven wandeln. Auf diese Art ist beiden gedient: Sie bekommen, was Sie wollen, genauso wie die andere Person. Zur Verdeutlichung auch hier ein Beispiel, diesmal aus meinem eigenen Alltag:

Es gibt bei meinem Hausarzt eine Arzthelferin, die bei allen Patienten und unter den Kollegen relativ unbeliebt ist. Sie ist mürrisch, unfreundlich, ungeduldig und behandelt die Patienten oft auf verbal oder nonverbal verletzende Art und Weise. Zusätzlich zeigt Sie keinerlei Bereitschaft, den

Bedürfnissen der Patienten entgegenzukommen. Ich hatte, wie alle anderen, eine Zeit lang meine Schwierigkeiten mit ihr, besonders, wenn ich etwas von ihr wollte, wie zum Beispiel einen früheren Termin oder Ähnliches. Eine Weile habe ich mich einfach nur darüber geärgert, bis sie eines Tages in einer Unterhaltung die Beherrschung verlor.

Es ging darum, dass ich für die Blutabnahme am nächsten Tag nur ein sehr kleines Zeitfenster hatte, und das brachte sie zum Explodieren. Sie ließ sich dann eine Weile darüber aus, dass alle immer nur etwas von ihr wollten, ohne dabei Rücksicht darauf zu nehmen, wie viel sie zu tun hat und wie sie es überhaupt schaffen soll, allen Wünschen gerecht zu werden. Niemand würde sehen, wie sehr sie überarbeitet ist, und es würde auch niemanden interessieren, dass sie heute noch nicht einmal zum Essen gekommen ist.

Nach diesem Ausbruch waren mir die Gründe für ihr Verhalten klar. Sie fühlte sich unverstanden und erhielt nicht genügend Anerkennung, und das, obwohl sie ihre eigenen Bedürfnisse ständig zurückstellte, um ihren Aufgaben gerecht zu werden. Zehn Minuten später führte sie eine Untersuchung bei mir durch, die mir die Gelegenheit gab, einige Zeit allein mit ihr zu verbringen.

Ich begann also damit, dass ich ihr sagte, ich könne gut verstehen, wie sie sich fühlt, wenn sie noch nicht einmal dazu gekommen ist, etwas zu essen. Ich selbst wäre heute auch noch nicht dazu gekommen und hätte meine persönlichen Grenzen schon lange überschritten. Dann sagte ich ihr, dass ich ihren Einsatz für die Patienten sehr zu schätzen weiß und mir gar nicht klar war, wie viel sie um die Ohren hat. Beim Verlassen des Raums wünschte ich ihr noch einen schönen Abend und fügte hinzu, sie solle unbedingt etwas essen, und wenn es nur ein Stück Schokolade ist, bevor sie noch umkippt, und dass sie besser auf sich aufpassen sollte. Daraufhin antwortete sie, dass ich am nächsten Tag einfach zur Blutabnahme kommen sollte, wenn ich Zeit habe, sie würde mich schon irgendwie dazwischen quetschen. Seitdem behandelt sie mich, als wäre ich ihr Lieblingspatient.

Zuletzt möchte ich Ihnen noch ein paar Grundlagen der Körpersprache mit auf den Weg geben, denn die Signale, die Sie mit Ihrem Körper senden, können entscheidend sein für den Erfolg Ihrer Kommunikationsversuche mit Ihren Mitmenschen. Wenn Sie zwei einfache Grundregeln beachten, übermitteln Sie Ihrem Gegenüber das Gefühl, dass Sie offen sind für seine Sicht auf die Dinge und für ihn als Menschen selbst und dass Sie keine böswilligen Absichten verfolgen oder versuchen, etwas zu verbergen:

1. Achten Sie auf eine offene Körperhaltung, verschränken Sie nicht die Arme vor Bauch oder Brust und wenn Sie jemandem gegenübersitzen, vermeiden Sie es, die Beine übereinanderzuschlagen. Tun Sie dies doch, dann machen Sie es so, dass das obenliegende Bein sich nicht zwischen Ihnen und Ihrem Gegenüber befindet. All diese zu vermeidenden Körperhaltungen drücken Abwehr und Verschlossenheit aus und jeder Mensch erkennt dies zumindest auf unbewusster Ebene und reagiert entsprechend.
2. In Situationen, die Sie mit Menschen konfrontieren, die schlechte Laune haben oder aggressiv sind, gibt es ein einfaches Mittel zur „Entwaffnung" der Person. Lächeln Sie die Person kurz an – mit geschlossenem Mund – und kneifen Sie dabei ganz kurz beide Augen deutlich zu. Der andere wird dies sofort erwidern und sich entspannen. Diese Form der Körpersprache funktioniert im Grunde bei allen Säugetieren, der Mensch macht hier keine Ausnahme. Das Augenzukneifen bedeutet so viel wie, „Ich will dir nichts Böses, alles ist gut zwischen uns". Dass Sie den Mund beim Lächeln geschlossen halten, verstärkt diese Aussage noch, da „Zähne zeigen" ebenso, wie ein direkter Blick in die Augen unter Säugetieren als Zeichen von Aggression gedeutet wird. Machen Sie sich einmal den Spaß, diese Geste mit zufälligen Fremden, denen Sie auf der Straße begegnen, auszuprobieren. Sie werden erstaunt sein, wie jeder sofort darauf reagiert, ohne dies überhaupt zu bemerken. Reagiert jemand nicht auf die gleiche Art, haben Sie hier ein „Alpha-Tier" vor sich – jemand, der nicht gewillt ist, Konflikten aus dem Weg zu gehen, sondern sie eher sucht. Machen Sie einen Bogen um solche Zeitgenossen.

Vielleicht habe ich mit diesem kurzen Einblick in das Thema Ihre Neugier so weit wecken können, dass Sie sich eingehender mit der Thematik befassen möchten, was ich Ihnen nur ans Herz legen kann. Je besser Sie Kommunikation und Körpersprache verstehen, umso einfacher kommen

Sie durchs Leben – mehr noch: Viele Stressfaktoren entstehen dann erst gar nicht!

GESUNDER EGOISMUS

Egoismus ist ein Wort, das in unserer Gesellschaft sehr negativ geprägt ist. Dabei sollte man hier wirklich lernen, zwischen reinem und gesundem Egoismus zu unterscheiden. Reiner Egoismus herrscht dann vor, wenn sich alles nur um die eigene Bedürfnisbefriedigung dreht, ohne Rücksicht auf die Bedürfnisse anderer zu nehmen. Das ist natürlich nicht in Ordnung und es gibt zahlreiche Menschen, die mit dieser Einstellung durchs Leben gehen, die dafür jedoch auch früher oder später den Preis zahlen: Einsamkeit.

Gesunder Egoismus ist etwas ganz anderes. Er bezieht sich darauf, dass Sie selbst an erster Stelle stehen, die anderen aber ebenfalls wichtig sind. Diese Form von Egoismus ist im Grunde überlebenswichtig, denn wenn Sie selbst nicht die höchste Priorität in Ihrem Leben haben, führt dies über kurz oder lang dazu, dass Sie sich überfordern. Dies wirkt sich wiederum auf Ihre Umwelt aus, denn Sie fühlen sich unverstanden, stellen ständig Ihre eigenen Bedürfnisse hinten an und ärgern sich darüber, dass niemand das zu schätzen weiß.

Vielleicht kommt Ihnen das bekannt vor aus dem Beispiel mit der Arzthelferin. Am Ende werden Sie nämlich Ihrem Unmut über die Situation Luft machen, auf die eine oder andere Art. Ihre Mitmenschen werden dadurch aber nicht mit Verständnis reagieren und Sie können auch nicht erwarten, dass überhaupt jemand anerkennt, dass Sie sich selbst immer an die letzte Stelle positionieren. Jeder Mensch hat die Eigenverantwortung über sein Leben, das bedeutet, dass Sie selbst gefordert sind, Ihre Bedürfnisse zu erfüllen oder sich Grenzen zu setzen, wenn es Ihnen zu viel wird. Niemand anders kann Ihnen das abnehmen und wir alle sind genug damit beschäftigt, das für uns selbst zu tun.

Sie müssen also lernen, Grenzen zu setzen und vor allem auch einmal Nein zu sagen. Betrachten Sie es einmal aus der folgenden Perspektive: Solange Ihre eigenen Bedürfnisse ständig zu kurz kommen, fehlt Ihnen die

Energie, die Aufmerksamkeit und vor allem die Geduld, die Sie bräuchten, um irgendjemandem in ihrem Leben wirklich gutzutun. Sie werden nicht in der Lage sein, gesunde zwischenmenschliche Beziehungen zu führen, weil diese immer überschattet sein werden von Ihrer eigenen Mangelsituation. Das Gleiche gilt auch in Beruf oder Studium. Sie können nur dann volle Leistung und Einsatz bringen, wenn Sie selbst in Ihrer Mitte sind, es Ihnen gut geht und Sie sich nicht überfordern, indem Sie zu viel für andere und zu wenig für sich selbst tun. Tatsächlich profitiert also langfristig gesehen jeder Mensch in Ihrem Umfeld davon, wenn Sie sich einen gesunden Egoismus aneignen!

Dafür müssen Sie natürlich erst einmal lernen, Ihre eigenen Grenzen überhaupt zu erkennen – mehr dazu im Kapitel über *Gefühle - Ihr Navigationssystem für Ihre Lebensreise* – und außerdem zu unterscheiden, in welchen Fällen Sie wirklich helfen sollten, wenn Sie darum gebeten werden, und in welchen besser nicht. Jemandem zu helfen, ist immer nur dann gut für diese Person, wenn Sie ihr damit nicht die Eigenverantwortung abnehmen. Das sind zum Beispiel Fälle, in denen Menschen, die selbst immer Ihre Grenzen zugunsten anderer überschreiten und dadurch überlastet sind, Sie darum bitten, ihnen etwas von dieser Last abzunehmen, auf welche Art auch immer. Sie tun dieser Person damit aber keinen wirklichen Gefallen, denn jeder muss für sich selbst erkennen lernen, dass es in seiner Eigenverantwortung liegt, wie viel er sich zumutet und wo er Grenzen setzen muss. Am meisten würden Sie dieser Person helfen, indem Sie sie auf das eigentliche Problem aufmerksam machen und Nein zu der Bitte um Hilfe sagen.

An dieser Stelle ist es mir auch noch wichtig, auf „toxische Personen“ einzugehen. Damit sind Menschen gemeint, die pures Gift für Sie und Ihr Wohlbefinden sind, die Ihnen ständig ihre eigenen Ansichten und Werte überstülpen wollen, die versuchen, über Ihr Leben zu bestimmen, die Sie ausnutzen, schlecht oder respektlos behandeln und die vor allem nicht bereit sind, etwas an Ihrem Verhalten zu verändern oder dieses auch nur zu überdenken. Solche Menschen können sowohl in Ihrer Familie als auch in Ihrem Freundes- und Bekanntenkreis zu finden sein, genauso wie unter Kollegen und Vorgesetzten. Es liegt in Ihrer Eigenverantwortung, inwieweit und wie lange Sie zulassen, dass solche Personen Ihr Leben vergiften. Den Schaden, den diese Menschen anrichten, badet letztendlich nur eine Person aus: Sie selbst.

Machen Sie sich unabhängig von den Gedanken und Wertungen anderer Menschen

Wenn Sie wirklich frei und unabhängig über Ihr Leben entscheiden wollen, kommen Sie nicht um diese Lektion herum. Das, was uns auf unserem eigenen Weg am meisten zurückhält oder uns dazu bringt, Wege einzuschlagen, die wir niemals gehen wollten, ist unsere Abhängigkeit von der Bewertung der Menschen in unserem Umfeld. Jeder will „der Gute“ sein, doch ich muss Ihnen an dieser Stelle sagen, dass es unmöglich ist, für alle immer nur „gut“ und „richtig“ zu sein.

Sie können es nicht allen Menschen in Ihrem Leben recht machen, denn was Sie tun, um das Wohlwollen einer Person zu gewinnen, kann und wird für eine andere Person wieder genau das Falsche sein. Der Versuch, es allen recht zu machen, endet zwangsläufig damit, dass Sie sich im Kreis drehen, wie das sprichwörtliche Fähnchen im Wind.

Nicht jedermann kann Ihr Freund sein, Sie können nicht alle Menschen dazu bringen, Sie zu lieben. Also ziehen Sie ein gesundes Fazit und entscheiden Sie sich dafür, authentisch und voll und ganz Sie selbst zu sein. Wer dann in Ihrem Leben bleibt, hat es auch verdient, denn diese Personen mögen oder lieben Sie für das, was Sie wirklich sind. Jemand, der nur in Ihrem Leben ist, weil Sie sich für diese Person verbiegen, kann keine echte Zuneigung oder Loyalität für Sie empfinden, weil er Ihr wahres Ich gar nicht kennt!

Genauso sollten Sie sich bewusst machen, dass es immer jemanden geben wird, der Ihre Entscheidungen in Zweifel stellt oder sogar ins Lächerliche zieht, schlecht über Sie spricht oder denkt oder Sie vielleicht auch einfach nicht leiden kann. Tatsache ist, Sie haben keine Kontrolle über die Gedanken und Gefühle anderer Menschen. Das Einzige, was Sie wirklich kontrollieren können, sind Ihre eigenen Gefühle und Gedanken. Dies wird

Ihnen jedoch nur gelingen, wenn Sie diese Tatsache anerkennen und den Wunsch, mit allen immer konform zu sein, loslassen.

Wahrhaft erfolgreiche Menschen zeichnen sich nämlich genau dadurch aus: Sie treffen ihre eigenen Entscheidungen allein auf Basis ihrer eigenen Gefühle und Gedanken. Sie gehen ihren Weg, ohne sich zu verstellen und zu verbiegen, sie sind einfach sie selbst. Das bedeutet nicht, dass man andere nicht um Rat fragen darf oder sich die Meinung anderer nicht anhören sollte, doch die Entscheidungen müssen Sie am Ende allein treffen und herausfinden, was für Sie selbst am besten ist. Das bedeutet es, eigenverantwortlich durchs Leben zu gehen. Der Preis dafür ist, dass Sie die Menschen verlieren, die mit Ihrem wahren Ich nicht konform gehen und dafür Menschen in Ihrem Leben bleiben oder neu dazu kommen, die zu 100 % hinter Ihnen stehen und loyal sind, weil sie wissen, mit wem sie es zu tun haben.

Gefühle – Ihr Navigationssystem für Ihre Lebensreise

Ich habe in diesem Buch ganz am Anfang schon erwähnt, dass unsere Gefühle eigentlich eine Art Navigationssystem sind, welches uns helfen kann, sehr effektiv und erfolgreich durchs Leben zu kommen – wenn wir lernen, auf sie zu hören! Dafür ist gesunder Egoismus unabdingbar, denn in den meisten Fällen unterdrücken wir ein negatives Gefühl in Situationen, in denen wir einer bestimmten Erwartungshaltung ausgesetzt sind und glauben, diese erfüllen zu müssen. Dabei ist es unerheblich, ob es sich um gesellschaftliche Erwartungen oder um die Erwartungen einzelner Menschen handelt. Wichtig sind nur Sie selbst! Wenn Ihr Gefühl Ihnen sagt, „Das ist nicht gut für mich!", „Das ist zu viel!" oder „Das will ich nicht!", dann müssen Sie darauf hören, ganz gleich, ob Sie damit der Norm oder den Erwartungen entsprechen.

Es ist Ihr Leben, niemand kann Ihnen sagen, was gut für Sie ist und was nicht, niemand kann Ihnen den Weg zeigen, denn wenn wir ehrlich sind, kennt kein Mensch auch nur den Weg für sich selbst. Wir irren alle nur mehr oder weniger blind durchs Leben und versuchen, das Beste aus allem zu machen, manche sind dabei nur erfolgreicher als andere. Das sind meist die Menschen, die einen gesunden Egoismus pflegen. Deshalb müssen Sie lernen, Entscheidungen, die sich auf Ihr Leben, Ihr Wohlbefinden oder Ihre Persönlichkeit beziehen, allein auf Basis Ihres Gefühls zu treffen. Am Ende entscheiden immer nur Sie allein über Ihr Glück oder Unglück. Niemand kann Sie zwingen, in einer belastenden Situation zu bleiben, niemand kann Sie zwingen, etwas zu tun, was Sie wirklich nicht wollen, niemand kann Sie zwingen, was Sie zu denken oder zu fühlen haben, *niemand außer Ihnen selbst*! Und wenn Sie ganz ehrlich zu sich selbst sind, dann werden Sie feststellen, dass das bisher auch immer so war.

Lernen Sie, die Signale Ihres Körpers richtig zu deuten

Genau wie Ihre Gefühle – die ja ohnehin nur ein physisches Phänomen und ein Spiegel Ihrer Gedanken sind – kann auch Ihr Körper Ihnen als Navigationssystem dienen. Im Grunde spricht Ihr Körper die ganze Zeit zu Ihnen, durch jede Krankheit, jedes noch so kleine „Wehwehchen" oder auch dadurch, dass er sich gut anfühlt. Die Psychosomatik kann hier eine sehr aufschlussreiche Hilfestellung leisten, denn hinter jedem Symptom und jeder Krankheit steckt eine bestimmte Botschaft Ihres Körpers an Sie: Was ist gut für Sie und was eben nicht. Wenn Sie zum Beispiel ständig Schnupfen haben und die Nase immer dicht ist, dann haben Sie im wahrsten Sinne des Wortes „die Nase voll" von etwas! Es ist nun an Ihnen, zu erkennen, welche eine Situation das sein mag. Haben Sie Probleme mit den Gelenken, dann mangelt es Ihnen an Flexibilität und das nicht nur auf physischer Ebene, denn Ihr Körper spiegelt Ihnen nur den Zustand Ihrer Gedanken und Emotionen. Neigen Sie zu Unfällen oder Blaseninfektionen, ist dies ein Zeichen dafür, dass Sie Ihre Grenzen nicht wahren. Werden Sie häufig krank, dann sind Sie wahrscheinlich stark überlastet und Ihr Körper sorgt dafür, dass Sie sich die Auszeit nehmen, die Sie brauchen, die Sie sich selbst aber nicht zugestehen. Häufiger Durchfall oder Erbrechen weist auf etwas emotional Unverdauliches in Ihrem Leben hin. Diese Liste ließe sich endlos fortsetzen, ich führe hier nur die offensichtlichsten Beispiele als Gedankenanregung auf. Wenn Sie tiefer in die Materie einsteigen möchten, gibt es sehr gute Bücher über Psychosomatik, wovon ich eines an dieser Stelle besonders empfehlen möchte: „Mein Körper – Barometer der Seele" von Jaques Martel.

WERDEN SIE ZUM MEISTER ÜBER IHRE GEDANKEN

Höchstwahrscheinlich haben Sie oft das Gefühl, den Gedanken in Ihrem Kopf hilflos ausgeliefert zu sein, besonders dann, wenn Sie überlastet oder gestresst sind und die Gedanken zu kreisen beginnen. Die meisten Menschen glauben, dass die Kontrolle über Gedanken etwas Unmögliches ist, doch entspricht dies nicht einmal ansatzweise der Wahrheit, denn es ist nicht nur möglich, es sollte auch so sein! Wenn Sie lernen wollen, Ihre Gedanken zu kontrollieren, müssen Sie zunächst einmal Ihre Aufmerksamkeit darauf richten. Die meisten Menschen tun dies nur bedingt, sie denken den ganzen Tag vor sich hin und ein Großteil der Gedanken bleibt dabei mehr oder weniger unbewusst. Sobald Sie wirklich darauf achten, was Ihr Kopf alles denkt, wird Ihnen genau das auffallen. Sie werden auf Gedanken stoßen, die Ihnen bisher nicht bewusst waren – oder zumindest war Ihnen nicht bewusst, in welchem Ausmaß Sie diese Gedanken pflegen. Bedenken Sie dabei jedoch, dass Ihre Gedanken über Ihre Gefühle bestimmen, was im Umkehrschluss bedeutet: Je mehr negative Gedanken in Ihrem Kopf sind, desto schlechter fühlen Sie sich auch. Dies gilt in besonderem Maße für Gedanken, die Sie über sich selbst haben. Für den Anfang genügt die bewusste Entscheidung, ab sofort verstärkt nach innen zu blicken und auf die eigene Gedankenwelt Acht zu geben. Eine Übung, die Sie dabei nicht nur unterstützen, sondern auch einen aufrüttelnden Charakter haben kann, gebe ich Ihnen an dieser Stelle. Sie können diese Übung an einem beliebigen Tag durchführen, egal, ob Sie arbeiten müssen, irgendetwas zu tun haben oder den Tag zu Hause verbringen. Dafür benötigen Sie die folgenden Dinge:

Achtsamkeitsübung – „Zutatenliste“

- 50 weiße Perlen
- 50 schwarze Perlen

Wenn Sie die Übung an einem Tag durchführen, an dem Sie nicht nur zu Hause sind

- Drei Gefrierbeutel, die groß genug sind, um 100 Perlen aufzunehmen, und Gummis, um die Beutel verschließen zu können

Wenn Sie die Übung an einem Tag durchführen, an dem Sie nur zu Hause sind

- Zwei Gefrierbeutel, die groß genug sind, um jeweils 50 Perlen aufzunehmen
- Ein Glasgefäß, das groß genug ist, um 100 Perlen aufzunehmen

Die Übung ist ganz einfach, alles, was Sie tun müssen, ist, auf Ihre Gedanken zu achten. Die weißen Perlen befinden sich, genau wie die schwarzen, zu Beginn der Übung in jeweils eigenen Beuteln. Ziel der Übung ist es, für jeden Gedanken eine Perle in den dritten Beutel oder in das Glas zu tun. Dabei nehmen Sie eine weiße Perle für jeden positiven Gedanken und eine schwarze für jeden negativen. Am Ende des Tages haben Sie eine hervorragende visuelle Bestandsaufnahme darüber, was in Ihnen vorgeht und wie Sie emotional ausgerichtet sind. Möglicherweise wird das Ergebnis Sie erschrecken, weil die schwarzen Perlen überwiegen. Doch selbst, wenn dies der Fall ist, hat sich diese Übung gelohnt, in diesem Fall sogar umso mehr, denn jetzt wissen Sie, woran Sie gezielt bei sich arbeiten können. Wenn Sie diese Übung erweitern möchten, was Sie nur tun sollten, wenn tatsächlich die schwarzen Perlen überwiegen, nehmen Sie sich einen weiteren Tag vor und schreiben Sie jeden negativen Gedanken auf einen kleinen Zettel, sammeln Sie diese Zettel und werten Sie sie am Ende des Tages aus. Hiermit halten Sie eine großartige Übersicht über Ihre negativen Glaubenssätze in der Hand, an denen Sie nun gezielt arbeiten können.

Natürlich wissen Sie jetzt immer noch nicht, was Sie tun können, um Ihre Gedankenwelt besser zu beherrschen, Sie haben ja bisher lediglich eine Bestandsaufnahme gemacht, ähnlich wie mit den Listen am Anfang dieser Lektüre. Deshalb gebe ich Ihnen hier zunächst einige grundlegende Anregungen und im nächsten Kapitel ein eigenes Werkzeug, das Ihnen dabei hilft, den nötigen Abstand von Ihren Gedanken zu gewinnen.

• Glauben Sie nicht alles, was Sie denken

Nicht jeder Gedanke in Ihrem Kopf ist wahr. Ein Gedanke ist zunächst immer etwas Neutrales, allein anhand Ihrer Bewertung und anhand der Tatsache, ob Sie den Gedanken als wahr annehmen oder nicht, erhält er eine emotionale Gewichtung. Hinterfragen Sie Ihre Gedanken und überprüfen Sie sie auf ihren Wahrheitsgehalt. Wenn es sich um Gedanken darüber handelt, was andere Personen von Ihnen denken, oder wenn ein Gedanke die Motivation für ein bestimmtes Verhalten einer Person betrifft, können Sie zum Beispiel diese Person einfach fragen. In den meisten Fällen wird die Antwort Sie überraschen!

• Korrigieren Sie negative Gedanken

• Wenn Sie auf einen negativen Gedanken stoßen, zum Beispiel, „Ich kann das sowieso nicht", dann machen Sie es sich zur Gewohnheit, diesen Gedanken zu korrigieren. Tun Sie dies auf eine Art, die so positiv wie möglich formuliert ist, dabei aber trotzdem Ihrer gefühlten Wahrheit entspricht, sonst würden Sie dem korrigierten Gedanken nämlich nicht glauben und die Korrektur wäre wirkungslos. Eine positivere, der Wahrheit mehr entsprechende Formulierung wäre in diesem Fall, „Ich habe Angst, das nicht zu können, aber ich stelle mich der Herausforderung!", oder, „Ich fühle mich dem nicht gewachsen, aber ich finde bestimmt einen Weg, das zu meistern!". Wie Sie sehen, müssen Sie hier ein Gleichgewicht finden. Indem Sie ehrlich zu sich selbst sind, kommen Sie einerseits dem Ursprung eines negativen Gedankens leichter auf die Schliche und können daran arbeiten, andererseits fällt es Ihnen leichter, die korrigierte Version des Gedankens anzunehmen.

• Hören Sie auf, sich Sorgen zu machen!

Die schlimmste Art von Gedanken, die einen Menschen regelrecht quälen können, sind Sorgen. Dabei sind Sorgen nicht nur die kontraproduktivste Art von Gedanken, sondern auch die unnötigste. Um Ihnen den Grund dafür zu verdeutlichen, habe ich folgende Grafik für Sie vorbereitet:

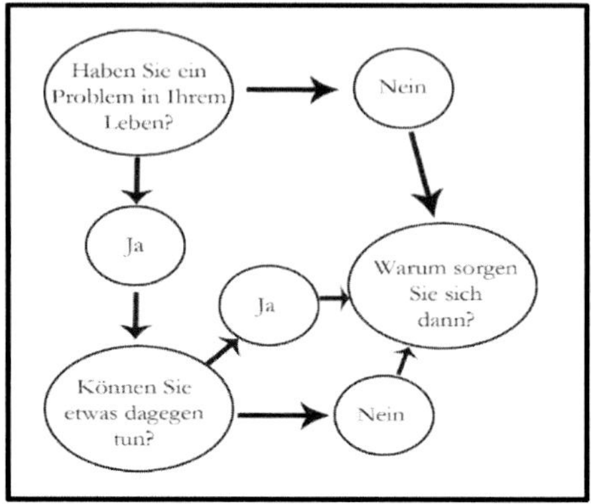

Ich hoffe sehr, diese Grafik konnte Ihnen dabei helfen, Ihren Sorgen ein wenig das Gewicht zu nehmen, und sie hat Sie vielleicht sogar zum Lachen gebracht. Je mehr Sie es sich zur Gewohnheit machen, auf diese Art mit Ihren Gedanken zu arbeiten, umso stärker richten Sie automatisch Ihre Aufmerksamkeit nach innen und gewinnen gleichzeitig immer mehr Kontrolle über das, was in Ihrem Kopf vor sich geht. Ergänzend zu dieser Arbeit wird das nun folgende Werkzeug Ihnen helfen, Abstand von Ihren Gedanken zu gewinnen und gleichzeitig Ruhe, Entspannung und mehr Energie zu bekommen.

Die transzendentale Meditation

Keine „Sorge", der Name dieses Werkzeugs hört sich schlimmer an, als es ist. Auch wenn *transzendental* sich nach einer Übung für Zen-Meister anhört – und solche praktizieren diese Übung tatsächlich –, ist es im Grunde die einfachste Form der Meditation, die existiert. Sie ist wirklich für jeden durchführbar, selbst für blutige Meditationsanfänger. Bevor ich diese Meditation erkläre, möchte ich allerdings darauf hinweisen, dass der gesundheitliche Nutzen von Meditationen inzwischen sogar wissenschaftlich erwiesen ist und sich Meditationen besonders bei Stress und emotionalen Belastungen als hervorragendes Hilfsmittel bewährt haben. Um Ihre Gedankenwelt unter Kontrolle zu bringen und damit Ihre geistige Leistungsfähigkeit zu steigern, ist dies auf jeden Fall die geeignetste Form der

Meditation. Diese Übung ist es auch, für die Sie in Ihrem Wochenplan – jeweils nach dem Aufwachen und vor dem Einschlafen – zehn Minuten bis eine halbe Stunde Zeit fest einplanen sollten. Vertrauen Sie mir, wenn ich Ihnen sage, dass Sie Ihre Zeit nicht besser investieren können.

Alles, was Sie benötigen, um diese Meditation erfolgreich auszuführen, ist ein „Nonsens-Wort", also ein Wort ohne Bedeutung, das Sie sich selbst ausdenken können. Dass das Wort wirklich keinerlei Bedeutung hat, ist essenziell für den Erfolg dieser Übung, denn Sie soll Ihnen ja helfen, Abstand von Ihrer Gedankenwelt zu bekommen. Würden Sie ein Wort wählen, zu dem Ihr Geist irgendeine Assoziation finden kann, und sei sie noch so gering, würde dies dazu führen, dass er sich mit aller Macht auf diese Assoziation oder Bedeutung stürzt und die Meditation nicht mehr funktionieren kann.

Führen Sie diese Übung am besten im Bett aus, direkt nach dem Aufwachen oder direkt vor dem Einschlafen. Nehmen Sie dabei eine für sich bequeme Haltung ein und sorgen Sie dafür, dass Sie nicht gestört werden. Morgens empfiehlt sich eine sitzende Haltung, diese ist aber nicht zwingend erforderlich. Abends machen Sie die Übung am besten im Liegen. Wenn Sie nach dieser Meditation nämlich aufstehen, werden Sie einen starken Energieschub bekommen und nicht mehr einschlafen können. Bleiben Sie aber liegen, können Sie umso besser einschlafen, weil Ihr Geist zur Ruhe gekommen ist.

Beginnen Sie, indem Sie Folgendes denken oder laut aussprechen: „Hiermit beginne ich meine transzendentale Meditation!". Alles, was Sie nun tun müssen, ist, Ihr „Nonsens-Wort" wie ein Mantra herunterzubeten und alle anderen Gedanken, die – besonders bei Ihren ersten Versuchen – auf Sie einstürmen werden, so gut wie möglich zu ignorieren. Steigen Sie nicht auf andere Gedanken ein, versuchen Sie, im Geiste einen Schritt zur Seite zu machen und das Plappern Ihrer Gedanken einfach anzunehmen, so, als würde es sich dabei um Menschen handeln, die neben Ihnen eine Unterhaltung führen, der Sie aber nicht zuhören wollen, weil Sie sich ja auf Ihr „Nonsens-Wort" konzentrieren.

Dabei gibt es zwei hilfreiche Tipps, die Ihnen bei der Konzentration helfen können. Zum einen sollte Ihr „Nonsens-Wort“ aus zwei Silben bestehen, dann können Sie es mit Ihrer Atmung verbinden. Denken Sie die erste Silbe beim Einatmen und die zweite beim Ausatmen. Auf diese Art erhöhen Sie die Notwendigkeit, sich zu konzentrieren, und lenken Ihre Aufmerksamkeit leichter zu Ihrem eigentlichen Vorhaben. Indem Sie Ihre Atmung mit einbeziehen, nehmen Sie den anderen Gedanken schon etwas Kraft, weil Atmung für unseren Körper – und somit auch für den Geist – Priorität hat, auch wenn es ein an sich unbewusster Vorgang ist.

Sollten Sie es mit besonders hartnäckigen Gedanken zu tun bekommen, die Sie immer wieder aus der Übung reißen, weil Sie diesen Gedanken nachgeben und ihnen folgen, reagieren Sie wie folgt: Sprechen Sie den Gedanken an, als wäre er eine Person. Sagen Sie ihm Folgendes: „Es ist gut, dass du da bist, ich danke dir für deine Botschaft, aber jetzt ist nicht die Zeit für dich, ich werde mich später mit dir beschäftigen“. Seien Sie dabei so bestimmt wie möglich und fahren Sie dann einfach mit Ihrer Meditation fort. Im Anschluss daran sollten Sie sich aber wirklich mit den störenden Gedanken beschäftigen, damit diese Ihnen nicht weiterhin dazwischenfunken.

Machen Sie diese Übung so lange, wie Sie das Gefühl haben, dass es Ihnen guttut, für den Anfang aber mindestens zehn Minuten. Nach oben sind Ihnen keine Grenzen gesetzt und selbstverständlich können Sie diese Meditation auch zu mehreren Gelegenheiten ausführen, sollten Sie Gefallen daran finden. Abschließen sollten Sie diese Übung immer genauso, wie Sie sie begonnen haben. Denken Sie oder sprechen Sie Folgendes laut aus: „Hiermit beende ich meine transzendentale Meditation!“. Es ist wichtig, diese Übung klar von dem Rest Ihrer Tätigkeiten abzugrenzen. Damit schulen Sie Ihren Geist und die Übung wird Ihnen von Mal zu Mal leichter fallen und sich effektiver auswirken.

Brainwave Entrainment

Der Begriff *brainwave entrainment* stammt aus dem Englischen, es gibt dafür leider keine direkte Übersetzung oder deutsche Entsprechung. Gemeint ist damit die Stimulation des Gehirns mit entsprechenden

Frequenzen, indem man sich die *Frequenzfolgereaktion* des Gehirns zunutze macht. Man könnte den Begriff also mit „frequenzorientierter Gehirnstimulation“ übersetzen. Um das zu verstehen, ist wieder ein wenig Basiswissen über die Funktionsweise unseres Gehirns notwendig.

Gedanken und andere Impulse werden in unserem Gehirn elektromagnetisch von einer Nervenzelle zur anderen übertragen, deshalb spricht man von Impulsen. Diese elektromagnetischen Impulse erzeugen ein elektromagnetisches Feld mit einer bestimmten Frequenz und diese verändert sich je nach Zustand, in dem wir uns befinden, da je nach Frequenzbereich unterschiedliche Hormone ausgeschüttet werden. Dabei werden fünf verschiedene Frequenzbereiche unterschieden:

- **Alpha**

Der Alpha-Zustand entspricht einem entspannten Wachzustand, wie wir ihn kurz nach dem Aufwachen oder kurz vor dem Einschlafen kennen. Dabei sind wir noch nicht richtig wach, sondern so tiefenentspannt, dass unser Zustand dem in einer Meditation oder Trance ähnelt. Klares Denken fällt hier noch sehr schwer.

- **Beta**

Als Beta-Zustand wird der normale Wachmodus bezeichnet. Wir sind weder besonders entspannt noch besonders konzentriert. Die meiste Zeit des Tages befinden wir uns in diesem Zustand, der leider mehr einem Autopiloten als einer bewussten Kontrolle entspricht.

- **Theta**

Der Theta-Zustand ist ein halb wacher oder auch halb schlafender Zustand. Wir sind noch teilweise in der Lage, Außenreize wahrzunehmen, diese können jedoch nicht mehr richtig rational verarbeitet werden. Wir befinden uns dann in der sogenannten *REM-Phase* – aus dem Englischen für *Rapid Eye Movements* = schnelle Augenbewegungen. Wenn wir in diesem Zustand träumen, werden Reize aus der Außenwelt in den Traum eingebaut. Außerdem nutzt unser Unterbewusstsein diese Phase, Dinge zu verarbeiten, die wir erlebt haben und bisher nicht sortieren konnten, was einer der Hauptzwecke von Träumen ist.

- **Gamma**

Beim Gamma-Zustand handelt es sich um den Zustand höchster Konzentration, der auch einer Art Trance gleichkommen kann, weil alles ausgeblendet wird, was nichts mit unserer jeweiligen Aufgabe zu tun hat. Der einzige Unterschied zur Trance ist der, dass wir die volle geistige Kontrolle haben. Dies ist der ideale Wachzustand, da er jedoch zur längeren Aufrechterhaltung sehr viel mehr Energie benötigt als der Beta-Zustand, tendiert unser Gehirn – besonders bei Energiemangel – dazu, diesen Zustand zu vermeiden.

- **Delta**

Im Delta-Zustand befinden wir uns im Tiefschlaf. In dieser Phase wird auch nicht geträumt, denn sie dient ausschließlich der körperlichen Regeneration.

Die bereits erwähnte Frequenzfolgereaktion besteht darin, dass unser Gehirn dazu neigt, seine Frequenz an die Rhythmen anzupassen, von denen es umgeben ist. Wer schon einmal in einer Fabrik gearbeitet hat, kennt dieses Phänomen vielleicht schon: Nach spätestens einer halben Stunde zwischen all den verschiedenen Rhythmen der Maschinen, von denen man umgeben ist, erscheint es, als würde der Kopf dazu „eine passende Melodie spielen". Was dabei geschieht, ist, dass unser Hirn einen Rhythmus findet, der am ehesten zu den ihn umgebenden Frequenzen passt. Meist hält das noch einige Zeit nach Verlassen des Lärms an. Dabei kann es bis zu 30 Minuten dauern, bis Sie den Rhythmus nicht mehr in Ihrem Kopf hören.

Wenn man sich nun ansieht, was innerhalb der verschiedenen Frequenzbereiche in unserem Gehirn abläuft und wenn man die Frequenzfolgereaktion mit einbezieht, liegt es ziemlich nahe, bestimmte Zustände in unserem Gehirn durch entsprechende Stimulation künstlich zu erzeugen. Innerhalb des *brainwave entrainment* gibt es dabei verschiedene Methoden, von denen sich zwei als besonders effektiv herausgestellt haben: binaurale – aus dem Lateinischen, mit beiden Ohren hören – und isochrone – gleich lang andauernde – Töne. Beide stimulieren das Gehirn sehr erfolgreich, jedoch auf unterschiedliche Weise. Erfahrungsgemäß reagiert dabei nicht jedes Gehirn gleich, die einen sprechen mehr auf die binaurale Variante an, andere hingegen mehr auf die isochrone.

Binaurale Töne oder *binaural beats*

Die Stimulation erfolgt hier über zwei verschiedene Frequenzbereiche, die jeweils über das linke und rechte Ohr gehört werden. Deshalb funktioniert diese Methode auch nur mit Kopfhörern. Wenn das Gehirn auf zwei Seiten mit unterschiedlichen Frequenzen beschallt wird, passt es seine eigene Frequenz an, und zwar mit einer Frequenz, die genau in der Mitte der beiden vorgegebenen liegt. Dadurch entsteht die akustische Halluzination, man würde nur einen Rhythmus hören, obwohl es eigentlich zwei verschiedene sind. Sie können dies leicht überprüfen, indem Sie zuerst nur den linken Ohrhörer einstecken, anschließend nur den rechten und erst danach beide zusammen. Sie werden zuerst verschiedene Rhythmen wahrnehmen, doch zusammen ergibt sich ein anderer Rhythmus. Sollte dies nicht der Fall sein, haben Sie es nicht mit echten binauralen Tönen zu tun, und leider gibt es auch viele Fälschungen auf diesem Markt.

Isochrone Töne oder *isochronic tones*:

Für diese Art der Stimulation werden keine Kopfhörer benötigt, da hier nur ein einziger Ton in einem bestimmten Rhythmus bzw. in einer bestimmten Frequenz abgespielt wird, an die sich das Gehirn einfach anpasst.

Mit dem *Brainwave Entrainment* haben Sie also ein mächtiges Werkzeug zur Hand, dass Ihnen sofort helfen kann, den gewünschten Zustand zu erreichen. Sie können sich während der Arbeit oder beim Lernen gezielt in den Gamma-Zustand versetzen und erreichen so nicht nur eine stark verbesserte Aufmerksamkeits- und Konzentrationsspanne, sondern auch eine erhöhte Aufnahmefähigkeit und eine geringere Fehlerquote. Beachten Sie jedoch, wie viel Energie dieser Zustand benötigt, und übertreiben Sie es nicht, denn dies ist der Hochleistungsmodus unseres Gehirns!

Eine halbe Stunde am Stück kann bereits sehr erschöpfend wirken. Je nachdem, wie es um Ihren Gesundheitszustand und Ihren Energiehaushalt bestellt ist, sollten Sie sich nicht länger als eine Stunde auf einmal in diesen Zustand begeben. Wenn Sie es übertreiben, werden Sie merken, dass Ihr Gehirn irgendwann nicht mehr mitspielen kann und von allein herunterfährt. Machen Sie also lieber Pausen und lernen Sie, diesen Zustand gezielt einzusetzen.

Abgesehen vom Gamma-Zustand für verbesserte Konzentration können Sie diese Technik auch gegenteilig nutzen, nämlich zum Herunterfahren und entspannen. Dies ist langfristig gesehen sogar weit effektiver. Bei Einschlafproblemen greifen Sie zu Delta-Wellen und wenn Sie mittags einen toten Punkt haben, erweist sich eine Theta-Wellen-Meditation als sehr viel erholsamer als ein kurzer Mittagsschlaf.

Das Beste an diesen Methoden ist, dass Sie dafür keinen Cent ausgeben müssen, außer vielleicht für die Investition in gute Kopfhörer – für binaurale Töne benötigen Sie Kopfhörer, die die entsprechenden Frequenzen auch wiedergeben können. Dies funktioniert nicht mit billigen Kopfhörern! Auf YouTube finden Sie eine unendliche Auswahl sowohl an binauralen als auch isochronen Tönen kostenlos. Viele davon sind zusätzlich mit Musik unterlegt, was nicht für jeden gut funktioniert. Oft lenkt die Musik zu sehr ab, weshalb Sie testen müssen, was für Sie persönlich am besten geeignet ist.

Zum Abschluss noch ein paar Tipps von mir:

- Suchen Sie nicht auf Deutsch, sondern auf Englisch, sonst werden Sie kaum etwas finden.
- Suchen Sie gezielt, zum Beispiel nach „binaural beats gamma waves“ oder „binaural beats pure gamma waves“.
- Wenn Sie als Suchbegriff nur eingeben „binaural beats concentration“, bietet Ihnen YouTube viele Videos mit passenden Titeln an, jedoch ist hier Vorsicht geboten. Unter den angebotenen Videos befinden sich nämlich auch viele mit Alpha-Wellen, die nicht geeignet sind, um die Konzentrationsfähigkeit zu steigern. Im Zweifel sehen Sie in der Videobeschreibung

nach. Sollte dort nicht stehen, um welche Frequenz es sich genau handelt, suchen Sie lieber nach einem anderen Video.

Da Sie nun mit diesem Werkzeug ausreichend vertraut sind, können Sie nach Belieben damit experimentieren. Übertreiben Sie es anfangs nicht und machen Sie nur kurze Meditationen, denn das Gehirn muss sich erst an diese Art der Stimulation gewöhnen, egal, um welchen Frequenzbereich es sich handelt. Manchmal können auch bis zu drei Versuche notwendig sein, bevor Ihr Gehirn überhaupt auf die gewünschte Weise reagiert. Sie können die Anwendungsdauer und Häufigkeit nach und nach steigern, sollten jedoch immer auch einmal Pausen von ein bis zwei Wochen einlegen. Ihr Gehirn ist keine Maschine, die Sie nach Belieben per Knopfdruck in bestimmte Modi versetzen können. Wenn Sie es damit zu sehr übertreiben, schaltet Ihr Gehirn schlimmstenfalls irgendwann auf stur und reagiert überhaupt nicht mehr oder Sie merken, dass es Ihnen nicht mehr guttut. Spätestens dann sollten Sie sich eine längere Pause gönnen.

SPORT IST MORD – ODER ETWA DOCH NICHT?

Wahrscheinlich ist dieses Thema ein alter Hut für Sie, den Sie bereits mindestens tausend Mal gehört haben. Doch ist es nicht von der Hand zu weisen, dass sowohl Bewegung als auch frische Luft und Tageslicht einen mehr als positiven Einfluss auf Ihr Wohlbefinden haben. Es ist sogar eine wissenschaftliche Tatsache, dass körperliche Ertüchtigung in Form von Sport Stresshormone abbaut, was ja Ihrem Wunsch, sich besser konzentrieren zu können, sehr entgegenkommen dürfte.

Es ist aber nicht einmal notwendig, dass Sie wirklich Sport machen. Ein täglicher Spaziergang von 20 Minuten senkt erwiesenermaßen den Blutdruck und Puls, womit er sich beruhigend auf Ihr gesamtes System auswirkt. Ihre Leistungsfähigkeit wird gesteigert, Sie bekommen den Kopf frei, Ihr Körper wird mit ausreichend Sauerstoff vollgepumpt und Ihr Immunsystem profitiert ebenfalls davon. Außerdem wirkt sich das Sonnenlicht positiv auf Ihr Gemüt und Ihre Stimmung aus, selbst bei einem UV-Index von null. Die Stimulation der Netzhaut mit direktem Sonnenlicht wirkt für sich allein schon stimmungsaufhellend.

Für dieses Werkzeug sollten Sie in Ihrem Wochenplan mindestens eine halbe Stunde Zeit an wenigstens drei Tagen in der Woche einplanen. Ich kann Ihnen an dieser Stelle aber versichern, dass hier eines gilt: Je mehr, desto mehr! Egal, welchen Aktivitäten im Freien Sie sich hingeben, ob Sie nun spazieren gehen, Fahrrad fahren oder Sport treiben, tun Sie es, wann immer möglich in der Natur. Diese Zeiten sind als Auszeiten für Sie gedacht, als Erholungsphasen vom Stress und von den Anforderungen des Alltags. Wenn Sie also nur 20 Minuten durch die Großstadt laufen, wird Ihnen dies nicht allzu viel bringen. Auch in Großstädten gibt es Grünanlagen, die Sie für Ihre Aktivitäten ansteuern sollten. Lassen Sie sich die heilsame Wirkung, die die Natur auf die Psyche hat, nicht entgehen.

Mehr Effizienz und Konzentration bei der Arbeit und beim Lernen

Zum Abschluss dieses Buches möchte ich Ihnen noch einige letzte allgemeine Tipps an die Hand geben, die Sie sofort anwenden können. Da wir uns innerhalb dieser Lektüre dem Problem auf eine sehr ganzheitliche Betrachtungsweise – mit dem Ziel der Ursachenforschung und -bekämpfung – genähert haben, möchte ich Sie nicht mit dem Gefühl zurücklassen, dass Sie noch Monate oder gar Jahre brauchen werden, um etwas an Ihrer Lage zu verbessern.

Gerade, wenn Sie wirklich langfristig etwas verändern wollen, brauchen Sie dafür einen langen Atem. Deshalb ist es wichtig, entsprechend motiviert zu sein. Um gleich zu Beginn einige Erfolgserlebnisse haben zu können, beachten Sie einfach die folgenden Grundregeln für Arbeit und Lernen:

- **Achten Sie auf ausreichend frische Luft**

Damit unser Gehirn optimale Leistung erbringen kann, benötigt es eine entsprechende Versorgung mit Nährstoffen und vor allem mit Sauerstoff. Lüften Sie also entweder regelmäßig den Raum, in dem Sie sich befinden, oder gehen Sie öfter für ein paar Minuten ins Freie und atmen Sie bewusst die frische Luft ein. Das hilft auch gegen aufkommende Müdigkeit, die oft nur ein Zeichen für Sauerstoffmangel ist.

- **Setzen Sie die richtigen Prioritäten**

Auch bei der Arbeit oder beim Lernen sollten Ihre Grundbedürfnisse immer die höchste Priorität haben – solange diese unerfüllt sind, leiden auch Ihr Konzentrationsvermögen und Ihre Aufnahmefähigkeit. Das bedeutet, dass, wenn Sie Hunger oder Durst haben, Sie eine kurze Pause machen, um etwas zu essen oder zu trinken. Wenn Sie müde werden und die Konzentration zunehmend schwerer fällt, erfüllen Sie Ihr Bedürfnis auf bestmögliche Art. Natürlich können Sie während Ihrer Arbeitszeit kein Nickerchen oder eine Meditation machen, Sie können aber kurz an die frische Luft gehen und ein paar Schritte laufen oder Sie essen etwas Traubenzucker. Dieser liefert Ihrem Gehirn sehr schnell Energie, wenn auch nur kurzfristig. Ist Müdigkeit häufiger ein Problem, achten Sie auf ausreichenden Schlaf. Hier müssen Sie wieder etwas längerfristig denken.

- **Vermeiden Sie unbedingt Multitasking!**

Auch wenn diese Fähigkeit in unserer Gesellschaft noch so hoch angesehen wird, gibt es nichts Schädlicheres für die Konzentration. Sich zu konzentrieren, bedeutet immerhin, seinen Fokus zu 100 % auf die jeweilige Aufgabe zu richten. Es ist also unmöglich, durch Multitasking effiziente Arbeit zu leisten. Wenn Sie mehrere Aufgaben gleichzeitig zu bewältigen haben, können Sie dies auf eine etwas andere Art sogar positiv nutzen, ohne beides gleichzeitig zu machen.

Unserem Gehirn fällt es schwer, sich längere Zeit auf ein und dieselbe Aufgabe zu fokussieren. Irgendwann fahren wir uns dabei fest und die Gedanken zerstreuen sich, was an zwei Faktoren liegt. Ein Grund ist, dass wahrhaftige Konzentration der Hochleistungsmodus unseres Gehirns ist und es diesen nicht ewig aufrechterhalten kann. Der andere Grund hat etwas damit zu tun, dass das Gehirn eine Aufgabe, mit der es im Bewusstsein nicht weiterkommt, im Normalfall an das Unbewusstsein abgibt, da dieses effektiv ohne hohen Energieaufwand daran arbeiten kann. Dies passiert meist schon, bevor die eigentliche geistige Energie ausgeht. Wenn Sie also an einen Punkt kommen, an dem Ihre Gedanken sich zerstreuen, machen Sie eine kurze Pause, um Energie zu tanken, und widmen Sie sich dann der anderen Aufgabe. Sie werden auf diese Art schnell wieder in den fokussierten Modus gelangen, bis Sie wieder an dem Punkt ankommen, bei dem Sie die Aufgaben gewechselt haben. Auf diese Art können Sie mehrfach zwischen verschiedenen Tätigkeiten wechseln, sich jeder zu 100 % widmen und dabei so fokussiert und effektiv wie möglich sein. Sobald Sie zu einer Aufgabe zurückkehren, die Sie vorher beiseitegelegt haben, werden Sie plötzlich merken, dass Sie wieder einen Schritt weiterkommen, weil Ihr Unbewusstsein inzwischen für Sie weitergearbeitet hat.

- **Machen Sie sich selbst keinen Druck!**

Sie gewinnen gar nichts, wenn Sie ohnehin mit Ihrer Arbeit zeitlich unter Druck stehen und dann auch noch gedanklich voll darauf einsteigen. Alles, was dadurch geschieht, ist eine Verschlimmerung der Situation: Sie beginnen, sich zu sorgen, die Gedanken kreisen, Angst macht sich breit, Ihr ganzes System geht in den Stressmodus über und es ist definitiv vorbei mit der Konzentration. Im Grunde ist dies das beste Rezept zum Versagen.

Hier bewährt sich das Motto, das ich an früherer Stelle schon genannt habe: **Je langsamer Sie gehen, desto schneller gelangen Sie an Ihr Ziel**. Auch wenn Ihnen das immer noch paradox erscheinen mag, befolgen Sie nur einmal diese letzten Anweisungen und Sie werden es anhand der Ergebnisse selbst sehen. Je mehr Zeit Sie sich geben und dabei Ihre eigenen Bedürfnisse in den Vordergrund stellen, desto produktiver und schneller werden Sie in Ihrer Arbeit.

Mein Ziel war es, Ihnen mit dieser Lektüre eine echte Hilfestellung zu bieten – kein Pflaster, das Sie auf das Symptom kleben können, sondern ein langfristiges Heilmittel, dass Ihnen zusätzlich den Weg in ein selbstbestimmtes und erfülltes Leben weisen kann. Ich hoffe sehr, dass mir dies gelungen ist, und wünsche Ihnen für den Weg, der vor Ihnen liegt, alles nur erdenklich Gute und die nötige Kraft und Ausdauer. Sollte Ihnen das eine oder andere davon zwischendurch einmal ausgehen, lassen Sie es gut sein, gönnen Sie sich eine Pause und denken Sie an Beppo, den Straßenkehrer aus dem Buch oder Film „Momo“: *Nicht an die ganze lange Straße denken, die Sie noch fegen müssen, sondern immer nur an den nächsten Besenstrich*

Wir danken Ihnen für Ihr Interesse und Ihr Vertrauen. Als Dankeschön dafür, haben wir eine besondere Überraschung. Wir haben einen **grandiosen Guide der zu mehr Erfolg in Alltag und Beruf verhilft,** exklusiv für Sie. Und diesen erhalten Sie vollkommen kostenlos. Das klingt wunderbar? Dann warten Sie nicht lange und holen Sie sich Ihr Gratis-Geschenk.

Hier geht es zu Ihrem Gratis-Geschenk:

https://forms.gle/8MPHWgx1ZET791gy8

1. **Öffnen Sie die Kamera-App auf Ihrem Smartphone und richten Sie die Kamera auf den QR-Code.**
2. **Klicken Sie auf den Link, der Ihnen angezeigt wird und schon werden Sie zur Website weitergeleitet.**

Impressum

Herausgeber: Pegoa Global Media GmbH / Am Sandtorkai 27 / 20457 Hamburg
Kontakt: kontakt@pegoamedia.de
Coverbild: Shutterstock

Haftungsausschluss:
Die Nutzung dieses Buches und die Umsetzung der enthaltenen Informationen, Anleitungen und Strategien erfolgt auf eigenes Risiko. Der Autor kann für etwaige Schäden jeglicher Art aus keinem Rechtsgrund eine Haftung übernehmen. Haftungsansprüche gegen den Autor für Schäden materieller oder ideeller Art, die durch die Nutzung oder Nichtnutzung der Informationen bzw. durch die Nutzung fehlerhafter und/oder unvollständiger Informationen verursacht wurden, sind grundsätzlich ausgeschlossen. Rechts- und Schadenersatzansprüche sind daher ausgeschlossen. Dieses Werk wurde sorgfältig erarbeitet und niedergeschrieben. Der Autor übernimmt jedoch keinerlei Gewähr für die Aktualität, Vollständigkeit und Qualität der Informationen. Druckfehler und Falschinformationen können nicht vollständig ausgeschlossen werden. Es kann keine juristische Verantwortung sowie Haftung in irgendeiner Form für fehlerhafte Angaben vom Autor übernommen werden. Die bereitgestellten Analysen, Vorschläge, Ideen, Meinungen, Kommentare und Texte sind ausschließlich zur Information bestimmt und können ein individuelles Beratungsgespräch nicht ersetzen. Alle Informationen dieses Buches entsprechen dem Kenntnisstand zum Zeitpunkt des Verfassens dieses Buches. Eine Haftung für mittelbare und unmittelbare Folgen aus den Informationen dieses Buches ist somit ausgeschlossen.
Informieren Sie sich weitläufig aus unterschiedlichen Quellen und bedenken Sie, dass am Ende nur Sie für die Entscheidungen verantwortlich sind.

Haftung für externe Links:
Unser Angebot enthält Links zu externen Websites Dritter, auf deren Inhalte wir keinen Einfluss haben. Deshalb können wir für diese fremden Inhalte auch keine Gewähr übernehmen. Für die Inhalte der verlinkten Seiten ist stets der jeweilige Anbieter oder Betreiber der Seiten verantwortlich. Die verlinkten Seiten wurden zum Zeitpunkt der Verlinkung auf mögliche Rechtsverstöße überprüft. Rechtswidrige Inhalte waren zum Zeit-punkt der Verlinkung nicht erkennbar.